AF708203

Lutz Dettmann

Wie aus Meklenburg Mecklenburg wurde – Geschichten und Personen.

Impressum

Lutz Dettmann
Wie aus Meklenburg Mecklenburg wurde – Geschichten und Personen.
2., erweiterte Auflage

ISBN 978-3-96521-519-1 (Buch)
ISBN 978-3-96521-517-7 (E-Book)

Gestaltung des Titelbildes: Ernst Franta
Fotos und Dokumente: Lutz Dettmann

Satz: MEDIENAGENTUR - Franta, www.medienagentur-franta.de

Druck: CUSTOM PRINTING, Wał Miedzeszyński 217, 04-987 Warszawa, Polen, www.cp-buchdruck.de

Alle Rechte vorbehalten. Jede Art der Vervielfältigung, auch auszugsweise, gesetzlich verboten. Printed in Poland.

© 2025 EDITION digital®
Imprint des Geschichtlichen Büchertisches
Ralf G. Jordan
Bischof-Wedekin-Str. 14
31162 Bad Salzdetfurth
Tel.: 05064-9609641
E-Mail: ralfjordan@geschichtlicher-buechertisch.de
Internet: www.geschichtlicher-buechertisch.de

EDITION digital

Kurz oder lang – das ist die Frage

Wie Archivrat Lisch für die Tilgung des „c“ kämpfte und warum die Aussprache den Fremden verrät

„Mäcklenburg ...“ Oh, da war wieder dieses böse Wort in den Mund genommen worden. Eine Journalistin hatte sich gerade bei einer Schauspielerin erkundigt, ob sie wieder in Mäcklenburg Urlaub machen würde. Und diese hatte ihre Frage mit einem klaren „Ja, weil ich Mäcklenburg so liebe“, beantwortet. Ich weiß nicht, auf welchem Sender dieses Interview lief. Nur, dass sich „Mäcklenburg“ einmal wieder in mein Hirn gebohrt hatte. Fakt ist, Fragerin und Befragte stammen nicht aus Mecklenburg. Sonst hätte die eine mit einem deutlich langen „*Meklenburg*“ gefragt und die andere ebenso geantwortet. Seit Generationen erkennt der gebürtige Mecklenburger (oder wissende „Ausländer“), an diesem einen Wort, ob der Sprechende ein Eingeborener oder Nichtmecklenburger ist. Den Zugezogenen, die diesen Eigennamen richtig aussprechen, gilt meine Hochachtung. Sie haben unsere *meklenburgische* Sprachkultur erkannt. Und nicht ohne Grund schreibe ich mein „*Meklenburg*“ an dieser Stelle ohne das böse „c“, hat es doch in diesem Wort nichts zu suchen.

Und nun wird wieder ein Kampf um das Für und Wider dieses Mitlauts oder Konsonanten eröffnet. Nein, nichts da. Ich will nicht streiten. Der Kampf ist seit vielen Jahrzehnten für das „c“ entschieden. Ich möchte nur aus der Geschichte dieses Eigennamens berichten.

Also ... begeben wir uns in eine Sprachzeitmaschine, die in grauer Vorzeit, weit vor Konrad Duden, Friedrich Lisch und den Gebrüdern Grimm landen wird. Sagen wir, wir landen im Jahr 995. Und da finden wir eine Urkunde, ausgestellt auf der Burg Michelenburg (Großburg) von Kaiser Otto III. Die Ersterwähnung dieses Namens – hier – nur der einer Burg, wird einige Jahrhunderte später, der Name eines Landes sein. Groß ist die Burg allerdings, die Größe des Walls wird nur von dem der Burg Werle im Land übertroffen. Warum später der Name der Burg für das entstehende Land *Meklenburg* herhalten wird, dieses Wissen entzieht sich den Historikern.

Geheimer Archivrat Dr. Friedrich Lisch

Steigen wir wieder in unsere Sprachzeitmaschine und durcheilen die nächsten Jahrhunderte auf der Suche nach dem „c" in *Meklenburg*. Wir entziffern alle Möglichkeiten der Schreibweise unseres damals noch jungen Landes. Neben dem lateinischen Namen gibt es um 1300 „Michelenburc", „Mechlenburg" oder „Mechilburg", alles im Stil der hochdeutschen Chronisten und Schreiber verfasst. Seit 1242 tauchen dann immer mehr niederdeutsche Varianten, der Sprache der Bewohner geschuldet, in den Urkunden auf. „Mechilburch", „Mikilinburg", „Mikelenburch". Ab dem 14. Jahrhundert gewinnt dann die Schreibweise „Mekelenborch" die Oberhand. Selbst in der von dem thüringischen Chronisten Ernst von Kirchberg geschriebenen Abhandlung der Geschichte *Meklenburgs* wird das niederdeutsche „Mekilnborg" verwendet. Und was fällt dem geneigten Leser auf? Nix da mit „c" vor dem „k". In der Kürze liegt die Würze. Noch … denn ab 1450 entdecken die Schriftkundigen das Laster des „Wortindielängeziehens". Immer häufiger tauchen doppelte Konsonanten in den Wörtern auf. Erst verhalten, ab dem 16.Jahhundert ist dann kein Halten mehr. Sinnlos häufen sie Buchstaben, um zu zeigen, wie schriftgewaltig die Schriftgelehrten sind. Die Zeilen der Urkunden werden sinnlos mit Buchstaben gefüllt. „Ck", „gk","kk" – man klemmt davor und findet es schön, wenn lange Buchstabenreihen die Seiten füllen. Wortenden werden mit Konsonantendoppelungen „verziert". „Ck" oder „gk" in Meklenburg wirken schick. Nur einige der Schreibweisen als Beispiele: „Megkelburgk", Meckelleburgk", Meckelnnborch". Da schmerzen die Augen. Da sträubt sich die Hand des heutigen Schreibers.

Schnell hinein in unsere Zeitmaschine. Hier wollen wir nicht bleiben, nicht nur der Schreibweise wegen, auch sind uns diese Jahrhunderte zu kriegerisch. Wir landen Ende des 18. Jahrhunderts. Inzwischen sind die Schreiberlinge zur Besinnung gekommen. Man liebt weiterhin fremde Sprachen, jetzt besonders das Französische. Aber man hat die deutsche Rechtschreibung entschlackt, die Wortungetüme getötet. Fast … nur in vielen Ortsnamen haben sie sich versteckt, die unnötigen Konsonanten. Nicht nur in **Mecklenburg**. Und das lassen sich alle gefallen?

Rein in die Maschine und ab ins 19. Jahrhundert. Wir haben die Industrialisierung und den wissenschaftlichen Fortschritt – auch in Mecklenburg/*Meklenburg*. Man schaut nach vorne, forscht für die Zukunft, wendet sich aber auch zur Vergangenheit. So gründet sich 1835 der Verein für *meklenburgische* (richtig geschrieben!) Geschichte und Altertumskunde, dessen Gründer und wissenschaftlicher Kopf Friedrich Lisch ist. Lisch, der Humboldt Mecklenburgs, wie er von FF II. einmal genannt wurde, betätigt sich neben vielen anderen Wissensgebieten auch mit der deutschen Sprache. Ihm ist das „c" ein Dorn im Auge – verständlich, spricht doch jeder *Meklenburger* das „*Meklenburg*" lang und nicht kurz. So ist es richtig. Was soll da denn das „c"? Ein schwieriges Unterfangen, das „c" zu töten, denn der Name des Landes wird seit Jahrhunderten meist mit dem bösen „c" geschrieben. Lisch forscht in den alten Urkunden und Chroniken, begründet, erklärt, beschwört, dass mit dauerhaft falscher Schreibweise auch die Aussprache des Namens falsch werden wird. (Heute wissen wir, dass er damit recht hatte.) Er erringt Erfolge: Die Publikationen des Vereins erscheinen mit der verkürzten, richtigen Schreibweise des Landesnamens, sogar der Staatskalender. Andere Größen setzen sich für Lisch ein, so die Gebrüder Boll aus Neubrandenburg. Auch Ernst Bolls „Geschichte Meklenburgs" erscheint ohne „c" auf dem Titel. Lisch wendet sich sogar an die Gebrüder Grimm, die am Deutschen Wörterbuch arbeiten. Er schreibt darüber im ersten Jahrbuch des Vereins: *„Um eine sichere, unzweifelhafte Gewähr zu haben, legte ich den beiden Brüdern Grimm in Göttingen, als vorurtheilsfreie Sprachrichter jedermann bekannt, meine oben erwähnte Abhandlung zum entscheidenden Ausspruch vor, mit einer Anfrage, ob man meklenburgsch oder meklenburgisch schreiben sollte, worauf dieselben an mich antworteten:*

„Ich kann zu Ihrer Abhandlung über die Orthographie von Meklenburg nichts sagen, als daß ich glaube, Sie haben völlig recht; dieser Meinung ist auch Jacob. Uebrigens würde ich „meklenburgisch" der harten Kürzung „meklenburgsch" vorziehen, die mir außerdem gemein lautet."

Wilh. Grimm.

Na bitte, alles scheint klar zu sein. Doch da tritt ein Vereinskollege auf den Plan: Friedrich Carl Wex, der Altphilologe und Direktor des altehrwürdigen Fridericianums in Schwerin. Er will Lisch beweisen, dass das „c" doch nur ein altes Dehnungszeichen sei. 1856 erscheint seine Abhandlung „Wie ist Mecklenburg deutsch zu schreiben und wie lateinisch zu benennen?". Und alle knicken ein. „Mecklenburg" wird nun auch v.G.G. sanktioniert. Der Staatskalender nimmt das „c" in den Titel, alle offiziellen Dokumente folgen. Fazit: Ein Fehler ist kein Fehler mehr, wenn ihn die Obrigkeit sanktioniert. Und so steht unser *Meklenburg* dann als Mecklenburg auch in der deutschen Sprachbibel, dem „DUDEN". Und dies seit 1880.

Dass das Problem mit dem „c" länderübergreifend ist, zeigen Landkarten aus der Mitte des IXX. Jahrhunderts. Auf des Verfassers Mecklenburg-Karte um 1860 nach Raabes Vaterlandskunde liest man neben „Meklenburg" auch „Lübek", auf einer späteren Ausgabe von 1880 „Lübeck". Gab es in der alten ehrwürdigen Hansestadt eine ähnliche Diskussion? Heute hört man die lang ausgesprochene Form nur noch von wirklich alteingesessenen Lübecker Familien. Und was ist mit „Reinbek", welches noch heute ohne „Dehnungszeichen" geschrieben wird? Jeder (nicht nur) Reinbeker zieht den zweiten Teil des Ortes in die Länge. Hoffen wir, dass das lange „Meklenburg", trotz der heutigen Schreibweise noch lange lang ausgesprochen wird. Sie können dabei helfen. Man ist eben „Meklenburger", oder wissender Zugezogener oder „Ausländer".

Nicht mehr als das nackte Leben

1725 verlieren beim großen Brand von Grabow fast alle Einwohner ihr Hab und Gut

Altstadtwinkel in Grabow: Am Wandrahm um 1910

Anfang des 18.Jahrhunderts war Grabow eine typische mecklenburgische Landstadt. Verwinkelte Gassen, mittelalterliche Bürgerhäuser, meist nur aus Lehm im Fachwerkstil errichtet, die Dächer mit Holzschindeln oder Stroh gedeckt, dicht aneinander gedrängt, mit Anbauten verunziert. Wohnhäuser und Scheunen oft nebeneinander, Schornsteine waren eine Seltenheit. Aber trotz des äußeren Bildes war Grabow eine fürstliche Residenz, denn das herzogliche Schloss auf einer Insel gelegen, die durch einen Elde-Nebenarm umflossen wurde, diente als Witwensitz. 1725 wohnte Christian Ludwig, der spätere Herzog, hier mit seiner Familie. Seine

Schwester Sophie Charlotte, die Witwe des Preußenkönigs Friedrich I., bewohnte seit 1713 einen Flügel des Schlosses.

Zeitgenössische Darstellung des Brandes

Der 3. Juni 1725 ist ein Sonntag. Gerade hat der Frühgottesdienst begonnen, das Eingangslied ist von der Gemeinde gesungen worden, als von draußen Rufe zu hören sind. Ein Feuer ist ausgebrochen. Sofort wird der Gottesdienst abgebrochen. Die Männer laufen zum Rathaus, um Haken, Löscheimer und Leitern zu holen. Währenddessen steigen Rauchwolken über dem Runden Viertel (heute das Gebiet zwischen Große Straße, Kirchen- und Marktstraße) auf. Dieses Viertel ist besonders dicht bebaut. Die gefüllten Scheunen, die Strohdächer und hölzernen Giebel bieten dem Feuer genügend Nahrung. Die Zahl der Helfer wächst von Minute zu Minute, das Feuer ebenso, denn es herrscht ein starker Wind. Pumpen versagen, Löschgerät muss zurückgelassen werden, denn der Wind dreht immer wieder, treibt das Feuer plötzlich in eine andere Richtung. Bald herrscht Wassermangel. Herzog Christian Ludwig organisiert die Löscharbeiten, die gesamte männliche Dienerschaft hilft. Bereits eine halbe Stunde später gerät auch das Schloss in Brand. Die Herzogin, die Schwester des

Herzogs und ihre Dienerschaft können nur noch ihr Leben retten. Das Inventar wird ein Opfer der Flammen. Die Grabower versuchen wenigstens ihre Kirche und das Rathaus zu retten – doch vergeblich. *„Nichts mehr als die bloßen Mauern blieben stehen"*, berichtet ein Zeitzeuge. Verzweifelt werden die Löscharbeiten eingestellt, gilt es doch jetzt sein eigenes Leben zu retten. Die Menschen versuchen wenigstens ihr lebendiges Inventar zu sichern. Doch die Stadt hat lediglich zwei Tore und Brücken. Menschen und Vieh drängen sich in den engen Gassen. Viele können nur noch das nackte Leben vor dem Feuer retten. Die Grabower sehen von den Eldewiesen aus, wie ihre Stadt untergeht. Nach drei Stunden ebbt das Feuer ab. Es gibt in der Innenstadt nichts mehr, was brennen kann. 300 Häuser, die Kirche, das Rathaus und das Schloss sind abgebrannt. Lediglich „ein Haus am Wasser" und 20 Häuser zwischen Erbmühle und Mühlentor und in der Vorstadt sind erhalten geblieben. Doch es ist nicht ein Menschenleben zu beklagen. Die Hilfe ist schon in den ersten Stunden groß. Viele Obdachlose finden zunächst in den umliegenden Dörfern Aufnahme. Die keinen Platz finden, müssen auf den Wiesen bleiben, werden mit Bekleidung von den Bauern der Nachbardörfer versorgt. Die herzogliche Familie, nun obdachlos, findet für die nächsten Tage eine Unterkunft im Hause der Küchenmeisterin Meyer, siedelt dann mit der Dienerschaft in das halbfertige Schloss nach Neustadt um. Acht Tage später findet in der ausgebrannten Ruine der Stadtkirche der erste Gottesdienst nach der Katastrophe statt. Der Hof- und Stadtprediger Hinck stellt den Brand als Zeichen und Strafe Gottes dar. Schmuggel, Wucher, Schwelgerei sind nur einige der Sünden der Grabower, das Feuer auch eine Strafe für das Schlafen während der Gottesdienste.

Karl Leopold, 1725 in Dömitz und Danzig ansässig, im Streit mit dem Kaiser und seinem Bruder Christian Ludwig, setzte bereits am 25. Juni eine Kommission ein, die den Wiederaufbau der Stadt organisieren soll. Die technische Leitung hatte der Ingenieur Behring, der eine Vermessung des alten Quartiers durchführte, um dann einen Plan der Neuregulierung der Straßen und Gassen anzulegen. Schon beim Festlegen der neuen Grundstücke kam es zu Streitigkeiten, denn etliche der Bauherren wollten ihre Häuser auf den alten Grundstücken wiedererrichten. Behring, der eine neue, den Brandschutz entsprechende, Regulierung durchführen wollte, entwarf schließlich seinen Plan, ohne auf die Befindlichkeiten der Grabower einzugehen. Die Wochen vergingen, der Herzog ließ sich bei der Begutachtung der Pläne Zeit, der Sommer war kalt und nass, und die Obdachlosen hausten noch immer in den Gärten und auf ihren alten Grundstücken in notdürftig zurechtgezimmerten Hütten. Am 14. September kam endlich die herzogliche Verfügung zur Regulierung des Wiederaufbaues. Inzwischen waren etliche Grabower verzogen. Auch Behring, der vom Magistrat kein Wartegeld erhalten hatte, arbeitete inzwischen im Brandenburgischen und konnte erst Ende Oktober zurückkehren. Zwischenzeitlich versorgten sich die Grabower mit Bauholz, welches die Stadt zur Verfügung stellte, und auch dabei gab es wieder Zank und Streit. „Wir sind von Männern und Weibern nicht allein von frühmorgens bis fast an die Nacht entsetzlich geplaget", klagte ein Mitglied der Kommission. Behring wurde sogar tätlich angegriffen. Doch langsam beruhigten sich die streitbaren Geister. Ende März, Behring hatte inzwischen seine Absteckungen beendet, begannen die Bauarbeiten. Das Rathaus war eines der ersten Gebäude, die gerichtet wurden. Doch nun gab es herzoglichen Ärger: Um ein gleichmäßiges Stadtbild zu erreichen, hatte Behring vorgeschlagen, dass die Bürgerhäuser in den Hauptstraßen dreigeschossig errichtet werden sollten. Finanziell nicht starke Bauherrn sollten in den Nebenstraßen zwei-, Tagelöhner eingeschossige Häuser bauen. Nach Intervention einzelner Bauherren entschied Karl Leopold, dass jeder so bauen könne, wie er wolle. Die Arbeit der Kommission war quasi sinnlos geworden. Klagen beim Herzog halfen nicht. Von nun an baute jeder, wie er wollte. Behring hatte sich schon zurückgezogen, Grantz, der Grabower Amtmann, bat um Entlassung, die ihm nicht gewährt wurde. Und weiter ging der Streit zwischen Herzog, Kommission, Bauherren, Magistrat. Noch immer waren etliche Bauplätze lediglich Lagerplätze für das Material. Es wurde gestohlen, verkam. Einheimische und fremde Handwerker stritten sich. 1726 kam es fast zu einem Blutbad zwischen fremden und Grabower Zimmerleuten. Reichsexekutionstruppen, die im Schloss lagen, sorgten für Unruhe. Doch trotz der Querelen war im Dezember 1726 bereits die Hälfte der Stellen wieder bebaut. Solange die innere Stadt nicht geschlossen war, durften keine Häuser in der Vorstadt gebaut werden. Der Wiederaufbau der Stadt zog sich bis 1740 hin. Die neuerrichteten Häuser trugen keine Strohdächer, aber Scheunen wurden im Stadtgebiet errichtet.

Erst nach massiven Maßnahmen verschwanden diese bis 1768. 1770 gab es keine schornsteinlosen Gebäude mehr. Damit die alten Strohdächer von den nichtabgebrannten billigen Häusern der Stadtarmen verschwanden, zahlte die Regierung Bauhilfen und stellte Ziegel zur Verfügung. Als das bei einigen nicht half, wurden die Dächer einfach heruntergerissen, den Eigentümern mit Zwangsverkauf ihrer Häuser gedroht. 1772 konnte der Magistrat nach Schwerin melden, dass alle Strohdächer in Grabow verschwunden seien. Eine moderne Landstadt war entstanden. Die Nutzung als Residenz hatte die Stadt allerdings verloren. Noch heute zählt Grabow zu den reizvollsten Landstädten mit einer im Inneren fast geschlossen Fachwerkarchitektur.

Der „Amikäfer" – ein Käfer im Klassenkampf

Berufsverbot durch ein Insekt

Kennen Sie den Coloradokäfer? Nein? Aber Sie kennen den kleinen, schwarzbeige gestreiften Kartoffelkäfer, den früheren Schrecken der Kleingärtner und Bauern? Dieser kleine gefräßige Käfer spielte vor 70 Jahren eine große Rolle im Klassenkampf. Damals hieß er in Propagandasprache der jungen DDR der „Amikäfer" und konnte sogar Biografien zerstören.

Wo stammt er her, der Käfer? Nun, sein Name verrät ihn: aus Nordamerika. *Leptinotarsa decemlineata,* so sein wissenschaftlicher Name, ist ein sehr umtriebiges Insekt. Bereits im 19. Jahrhundert versuchte er den großen Sprung nach Europa. Doch so richtig gelang ihm dieser erst in den Zwanzigerjahren des vergangenen Jahrhunderts. Um 1920 kam es zu einem ersten Massenauftreten des Käfers auf Kartoffelfeldern um Bordeaux. Mit seiner sprichwörtlichen Gefräßigkeit arbeitete er sich in wenigen Jahren in Richtung Mitteleuropa vor und kannte keine Grenzen.

Mitte der Dreißigerjahre sind die Schäden durch den Käfer auch in Deutschland so groß, dass die Reichsregierung 1935 einen Kartoffelkäfer-Abwehrdienst (KAD) gründet. Man setzt zunächst auf Volksaufklärung, bringt eine „Kartoffelkäferfibel" und Bilderbücher, die über den Käfer aufklären sollen, unters Volk. Mit der Parole „Sei ein Kämpfer, sei kein Schläfer, acht' auf den Kartoffelkäfer!" strömt in den nächsten Jahren die Volksgemeinschaft über die Felder und sammelt die kleinen Käfer, ohne sie ausrotten zu können. Und sind sich Deutsche und Franzosen sonst auch nicht grün, hier sind sie sich einig und forschen länderübergreifend. 1940 wird in Kruft (Eifel) eine Forschungsanstalt gegründet. Die deutsche Wehrmacht erwägt sogar, die kleinen Fresskäfer als biologische Waffe einzusetzen. 1943 werden gezüchtete Käfer in der Pfalz abgeworfen, die Tests aber gestoppt, denn Käfer kennen keine Grenzen oder Frontlinien, fressen bei Feind und Freund. Nach dem Weltkrieg spielt *Leptinotarsa decemlineata* zunächst keine Rolle mehr. Die Probleme sind zu groß und vielfältig, dass man sich mit ihm beschäftigt. Der Käfer nutzt das aus und vermehrt sich rasant. Fünf Jahre nach Kriegsende ist fast die Hälfte der Kartoffelan-

Die Kartoffelkäferfibel aus den 1930er Jahren

baufläche Ostdeutschlands von ihm befallen. Im Mai 1950 hat er seinen großen Medienauftritt, allerdings nur in der jungen DDR. Der Kalte Krieg tobt. Die Verantwortlichen für die Versorgungsnotlage in der DDR benötigen einen Schuldigen: die USA und ihre „Bonner Handlanger". Am 7. Juni berichtet die „Landeszeitung": „*Helle Empörung im ganzen Land – Die Antwort unserer Bevölkerung zum Abwurf der Kartoffelkäfer: Verstärkter Kampf in der Nationalen Front gegen die anglo-amerikanischen Imperialisten*". Berichte von angeblichen Abwürfen aus Flugzeugen mit unkenntlich gemachten Hoheitszeichen folgen. Bernhard Quandt, damaliger Agrarminister des Landes Mecklenburg, richtet einen dogmatischen Appell zur Wachsamkeit an die Leser, berichtet von Abwürfen bei Hagenow. Eine Woche später kommt die Bestätigung im „Neuen Deutschland": „*Außerordentliche Kommission stellt fest: USA-Flugzeuge warfen große Mengen Kartoffelkäfer ab.*" Ein Propagandafeldzug beginnt, der in der Bevölkerung auf fruchtbaren Boden fällt. Junge Pioniere, FDJler, Werktätige, die Intelligenz sind zum Käfersammeln aufgerufen und strömen über die Kartoffelfelder der Republik, um die Käfer einzusammeln und um Prämien zu erhalten. Nahezu täglich findet man den Käfer in der sozialistischen Presse. Selbst Bertolt Brecht ging dem Käfer auf dem Leim:

„FÜR DEN FRIEDEN!" –
„Die Amiflieger fliegen,
silbrig am Himmelszelt,
Kartoffelkäfer liegen
in deutschem Feld."

Montag, 5. Juni 1950 bei Dützow, im Nordwesten Mecklenburgs, nahe der innerdeutschen Grenze: Otto Müffelmann, Vermessungsdiplomingenieur und Abteilungsleiter im Kreisverwaltungsamt Schwerin, hat in Dutzow beruflich zu tun. Seine Arbeit ist beendet, er steht mit dem Bürgermeister des Dorfes, Konetzki, und einigen Bauern am Feldrand. Man ist entspannt, plaudert über Gott und die Welt und den Kartoffelkäfer. Er ist ein Medienstar in diesen Wochen. Der Bürgermeister vertritt die These, dass der Käfer von den Amerikanern abgeworfen wird. Otto Müffelmann bezweifelt das. „Warum die Mühe? Wir haben doch sowieso meist Westwind. Da lohnt sich der Aufwand für die Amerikaner nicht. – Die Leute, die diese These offiziell gemacht haben, müssen sich schon bewusst sein, was sie da in Umlauf setzen. Für mich ist diese Behauptung zu ungeheuerlich." Konetzki berichtet von Grenzgängern, die mit Kartons voller Kartoffelkäfer aufgegriffen wurden. Damit ist das Thema erledigt. Als Bauer Jenkel dazukommt, um den Regierungsrat abzuholen, trennen sich alle gut gelaunt. Umso mehr erstaunt ist der Diplomingenieur, als er am selben Tag, während der Bürgermeisterkonferenz im Dorf, vom Bürgermeister massiv angegriffen wird. Der behauptet, dass Müffelmann die Abwürfe leugnet und die offizielle Meinung der Presse in Frage stellt. Müffelmann versucht den Irrtum aufzuklären, doch wird nicht gehört. Am nächsten Tag schreibt er an den Landrat des Kreises Schwerin-Land, Malchow: *„Der Wortlaut der Unterredung ist mir natürlich nicht mehr in allen Einzelheiten erinnerlich (…) Während ich die Verantwortlichkeit des ersten Berichterstatters hervorhob, um die Wahrscheinlichkeit der Meldung zu stützen, scheint Konetzki der Auffassung, dass ich die Unwahrscheinlichkeit der Meldung dadurch betonen wollte."* Doch sein Schreiben ist vergeblich. Bereits am selben Tag wird Otto Müffelmann von Seiten der Kreisverwaltung „wegen antidemokratischer Beteiligung im Einvernehmen mit der BGL" fristlos gekündigt. Er hat seine Dienstgeschäfte sofort zu übergeben. Am selben Tag findet eine Betriebsversammlung des Kreises statt. Auf dieser wird die fristlose Kündigung des Regierungs-Vermessungsrates ausdrücklich gelobt. Die Entlassung kommt einem Berufsverbot gleich. Selbst in der „Landeszeitung" vom 7. Juni wird Otto Müffelmann namentlich als „Agent" und Vorschubleistender der anglo-amerikanischen Kriegstreiber bezeichnet.

Ein Käfer, der Schicksal spielt? Nein! – Funktionäre, die Schicksale entscheiden! Tausende Biografien wurden in der Stalinzeit gebrochen. Otto Müffelmann war bereits in der Nazizeit beamtet gewesen, ohne Mitglied der NSDAP zu sein. Im zweiten Weltkrieg Artillerieoffizier, jetzt LDP-Mitglied, passt er nicht in das Bild des linientreuen Beamten des jungen „demokratischen" Staatsapparats. Da man ihm fachlich nichts vorwerfen kann, nutzt man die Gelegenheit, um ihn als Abteilungsleiter zu entfernen.

Müffelmann wendet sich an seine LDP-Parteileitung mit der Bitte um Unterstützung. Er möchte, dass in dem Arbeitszeugnis darauf hingewiesen wird, dass er sonst tadellos gearbeitet hat. Um eine Klage vor dem Arbeitsgericht zu vermeiden, einigen sich schließlich LDP-Leitung und Landkreis auf eine fristgemäße Kündigung. Otto Müffelmann ist in großer Angst, befürchtet eine Hausdurchsuchung und Verhaftung. Doch mit seiner Familie will er nicht in den Westen flüchten, obwohl dorthin genug berufliche Verbindungen aus der Studienzeit existieren. Müffelmann hat sich persönlich nichts vorzuwerfen. Nach Wochen der Arbeitslosigkeit findet er endlich eine Stellung beim Oberkirchenrat. Eine Biografie ist gebrochen …

Der Kartoffelkäfer fliegt weiter. Inzwischen ist er auf internationalem Parkett. Am 30. Juni 1950 fordert die Sowjetunion im Namen der Regierung der DDR die USA auf, die Verantwortlichen für den Abwurf der Käfer über der DDR zur Verantwortung zu ziehen. Eine Reaktion der Amerikaner bleibt aus.

So schnell die Kampagne begann, so schnell endete sie auch wieder. Im Herbst 1950 ist sie aus den Medien verschwunden, hat aber sicher nicht nur die Biografie Otto Müffelmanns beschädigt. Und der Kartoffelkäfer dreht weiter seine Runden über die Felder der jungen DDR, bis Pestizide gegen ihn entwickelt werden.

Otto Müffelmann arbeitet bis zu seinem 78. Geburtstag 1976 für den Oberkirchenrat.

Am Hof des Sonnenkönigs

Herzog Christian Louis erbte ein bettelarmes Land – und zog den Aufenthalt in Frankreich vor

Es ist kalt in den Räumen des Schweriner Schlosses. Die Zeit ist hart, der Große Krieg tobt schon etliche Jahre, die Kassen des Herzogs sind leer. Mecklenburg ist mehrfach von marodierenden Truppen des Kaisers und auch von den schwedischen Bundesgenossen geplündert worden. Da lohnt es sich nicht, für einen Jungen den Saal heizen zu lassen, auch wenn er einmal Herzog von Mecklenburg werden wird. Der Junge sitzt alleine an dem langen Eichentisch. Vor ihm ein Teller mit Fleisch, ein Becher mit Wasser. Sein eigentlich hübsches Gesicht ist vom Zorn entstellt. Wütend stochert er in seinem Essen herum, stößt schließlich den irdenen Teller fort, der laut polternd auf dem harten Stein des Bodens zerbricht. Für einen Moment zeigt sein Gesicht Schrecken, er lauscht, als niemand kommt, flucht er halblaut, versucht aufzustehen. Doch es misslingt, er verzieht sein Gesicht. Sein linkes Bein ist gefesselt. Der Strick, der ihn am Tischbein hält, schneidet schmerzhaft ins Fleisch. Wer wagt es, den Erbherzog von Mecklenburg-Schwerin zu züchtigen? Sein Vater, Herzog Adolf Friedrich I. von Mecklenburg-Schwerin, hat es angeordnet, da der Junge sein Essen verweigert und widersetzlich ist. Der Name des Jungen: Prinz Christian. Er trägt den Namen seines Paten, König Christian IV. von Dänemark.

Der Dreißigjährige Krieg tobt gerade einmal fünf Jahre, als Anna Maria von Ostfriesland, die Frau des mecklenburgischen Herzogs Adolf Friedrich I., einem gesunden Kind das Leben schenkt. Es ist ein Sohn, die Thronfolge ist gesichert, wenn das Kind überleben wird. Das ist fraglich, die Kindersterblichkeit ist hoch, auch in hochwohlgeborenen Kreisen, zumal Krieg herrscht, und Mecklenburg schnell zum Kriegsschauplatz werden kann. Um die Kinder sicher zu wissen, wird der Erstgeborene und sein 1626 geborener jüngerer Bruder Karl in die Obhut der schwedischen Königin Marie Eleonore gegeben. So erleben sie die Besitznahme Mecklenburgs durch Wallenstein nicht. Beide kommen erst 1632, nach dessen Sturz, zurück nach Mecklenburg, leben zunächst am Hofe ihres Vaters, nach dessen erneuten Vermählung, die Mutter der beiden war 1634 gestorben, auf dem Bischofsschloss in Bützow. Joachim Schnobel, ihr Lehrer, hat es nicht leicht mit den beiden Fürstensöhnen. Besonders Christian ist widerspenstig, lernt nur unwillig und glänzt nicht gerade mit Schlauheit. Die Klagen wandern von Bützow zum väterlichen Hof, die Ermahnungen des Vaters kommen zurück und fruchten kaum bei seinem Erstgeborenen. Auch die Beziehung Christians zu seinem jüngeren Bruder ist schlecht.

Adolf Friedrich holt Karl zurück an den Schweriner Hof, später dann auch Christian, um ihn besser unter Kontrolle zu haben. Der Vater schickt den Sohn in die Fremde, dort soll er ein gewandtes, weltmännisches Auftreten lernen. Der Vater will ihn wohl auch nicht mehr sehen, spricht in seinem Tagebuch von seinem „ungehorsamen" Sohn Christian und seinem „Herzenssohn" Karl. Ein Schreiben wird vorher aufgesetzt, dass Christian sich bedingungslos dem testamentarischen Willen seines Vaters in allen Staatsdingen zu unterwerfen hat. Der ungeliebte „Kronsohn" reist unter dem Namen "Christian von Bülow" inkognito, wohl auch, um das magere Staatssäckel seines Vaters nicht zu sehr zu strapazieren, in die Niederlande. An seiner Seite der Rat Abraham Kayser, ein erfahrener Diplomat, der nichts zu lachen hat. Er klagt mehrmals über das Verhalten seines Zöglings. 1642 reicht es ihm, er reist persönlich nach Schwerin und erstattet Bericht, kehrt auf Bitten des Herzogs zurück und wird noch mehr schikaniert. Der Herzog holt seinen Sohn zurück an den Hof, der muss vor den Mitgliedern des Geheimen Rates Abbitte leisten. Doch wenig später kommt es zu einem erneuten Streit zwischen Vater und Sohn, Christian verlässt wenig später unter dem Namen Christian von Maltzan, wieder einen Aufpasser an seiner Seite, Mecklenburg. Auch dem ergeht es nicht besser. Als der junge Herzog im Mai 1644 in die französische Armee eintritt, bittet der um seine Entlassung. Christian kämpft als französischer Rittmeister auf der Seite der Niederlande gegen Spanien. Die Gage eines Rittmeisters ist nicht hoch, das Leben eines Erbherzogs, auch wenn er inkognito ist, teuer, die Apanage des Vaters gering, denn das Land leidet weiter unter dem Krieg. Dem Vater ist allerdings auch bewusst, dass mehr Geld mehr Verschwendung bedeuten würde. Der Streit zwischen Vater und Sohn – die einzige Konstante seines bisherigen Lebens. Der geht auch weiter, als der Sohn nach zwei Jahren zurückkehrt, nun verliebt in Frankreich. Eine Liebe, die nie enden wird.

Herzog Christian Louis

Wir machen einen Zeitsprung. Zuviel Streit, zu viele geschichtliche Details, die den Platz hier sprengen würden. Nur ein Höhepunkt: Die Klage des Sohnes gegen den Vater am kaiserlichen Hof in Wien, geschehen 1649. Es geht um die Landesteilung, die nach Ansicht des Sohnes unrechtmäßig ist. Der Herzog hatte Mecklenburg-Güstrow testamentarisch Karl zugesprochen. Noch eine kleine Fußnote: Zitat des Herzogs, nach einer wilden Posse seines Sohnes in Doberan:

Würde der Sohn mit seinen Gesellen dort wieder Unbill treiben, sollte man ihn gefangennehmen und bei einem Widerstand Feuer auf sie geben und sie *„vom Höchsten bis zum Niedrigsten niederschießen."*

Am 6. Juli 1650 vermählt sich Christian mit Christine Magarete, seiner Cousine, gegen den verständlichen Protest des Vaters. Die junge Braut, sie ist acht Jahre älter als ihr Bräutigam, bringt einige Güter in die Ehe, die der Gatte innerhalb weniger Jahre ruiniert, um seinen „Hof" in Stintenburg halten zu können. Christine Margarete wird von ihrem Mann so drangsaliert, dass sie Schutz bei ihrem Schwiegervater sucht, schließlich zu ihrer Schwester nach Wolfenbüttel flieht, während ihr Schwiegervater für kurze Zeit Stintenburg besetzt. Auf Drängen der lauenburgischen Nachbarn räumt er das Gebiet, sein Sohn rückt mit einer „Streitmacht" an und besetzt widerrechtlich das Gut seiner Frau, befestigt seine „Hauptstadt" und will den Streit aussitzen … der geht weiter bis zum Tod seines Vaters …

Christian, jetzt Herzog von Mecklenburg-Schwerin, tritt seine Regentschaft 1658 an. Das Land leidet unter den Folgen des 30-jährigen Krieges. Selbst der neue Herzog ist so arm, dass er bei seinen Regierungsgeschäften lediglich die gerade angefertigte Trauerkleidung tragen kann, da sich in der herzoglichen Kasse bei seiner Thronbesteigung lediglich 1868 Taler befinden. Der verstorbene Vater kann nicht nach Doberan in die Gruft der Herzöge überführt werden und wird in der Schlosskappelle zu Schwerin „zwischengelagert". Wieder wird das Land von Krieg überzogen. Diesmal kämpfen die Schweden gegen Polen. Brandenburg laviert zwischen den feindlichen Lagern. Die Dänen und der Kaiser wollen auch mitmischen. Die Räte raten ihm, die Nähe zu Frankreich zu suchen. Noch hält er sich zurück, versucht alleine erfolgreich zu paktieren. Es wäre zu viel, die kriegerischen Ereignisse der nächsten Jahre zu schildern, unter denen das Herzogtum leiden wird. Und auch die Streitereien mit der Verwandtschaft und den Ständen um das väterliche Testament gehen weiter. Der Kaiserliche Hof in Wien erklärt schließlich Christian zum Lehnherrn des Herzogtums Mecklenburg-Güstrow, obwohl sein Vetter in Güstrow residiert. Solange Christian lebt, haben seine Brüder keine Ansprüche auf ihre Landesteile, und der Herzog fährt vergnügt in die Ferne – auf nach Süddeutschland, Krieg, Ehefrau und Geldprobleme hinter sich lassend. Anfang Mai 1660 wird der Frieden zu Oliva geschlossen. Das Land ist allerdings am Ruin, selbst die fürstlichen Apanagen an seine Brüder können nicht mehr gezahlt werden. Christian schert es wenig, er will endlich seine Frau loswerden, und es gelingt ihm im Herbst 1660. Die Frau ist fort, aber nicht von ihm geschieden, ihre Güter behält er. Und die Querelen gehen weiter … es geht um Geld, es geht um Macht. Der Herzog benötigt einmal wieder Abstand und reist nach Frankreich. Eine Reise, die in die Geschichte eingeht, in die mecklenburgische auf jeden Fall. Der Papst soll helfen. Wird Christian katholisch und heiratet eine Katholikin, kann die Ehe geschieden werden. Dass er damit sein Volk und die protestantischen Nachbarn gegen sich aufbringen wird, ist Christian bewusst. Also muss ein Verbündeter her. Wenn schon, dann den Sonnenkönig Ludwig XIV. für sich gewinnen. Der Herzog steigert sich in eine Manie. Die Brüder und die Frau intervenieren beim Sonnenkönig. Der muss sich erst einmal dieses Land zeigen lassen, da er es nicht kennt, lehnt daraufhin eine besondere Allianz ab, weil es zu entfernt ist. Doch 1663 findet der Herzog Gehör. Isabelle Angélique von Montmorency, Herzoginwitwe, findet an den gutaussehenden Adligen aus dem fernen Norden Gefallen und gibt seinen Werbungen nach. Am 29. September nimmt ihn die katholische Kirche in ihren Schoß auf, er nimmt den Namen Louis an, am 3. Oktober wird die Scheidung ausgesprochen, die Vermählung findet allerdings noch nicht statt, da die Brüder weiter intervenieren. Doch der König nimmt ihn an seinem Hof in Versailles auf und verspricht Hilfe und Beistand. Am 18. Dezember schließt der Sonnenkönig mit dem mecklenburgischen Herzog einen Schutzvertrag. Ein französischer Gesandter soll auch die Probleme des Herzogs zu Hause klären. Schließlich reist der Herzog nach. Er will endlich ein Ende der Streitigkeiten sehen. 1666 kommt es zu einem Vergleich zwischen ihm und seinem Vetter Gustav Adolf von Mecklenburg-

Güstrow. Im selben Jahr stirbt auch Christian Louis' erste Frau. Christian Louis, vernarrt in den Sonnenkönig, trägt in dieser Zeit sogar den Gedanken, sein Herzogtum dem Großen Kurfürsten im Tausch gegen das Herzogtum Cleve anzubieten. Cleve wollte er dann an Louis XIV. verkaufen. Der Tausch kommt aber nicht zustande. Nach dem Tod seiner ersten Frau ist der Weg für die Französin frei. Doch die ziert sich zunächst. Das Land ist zu weit, auch sehr kalt und die Leute dort sind Protestanten. Der Herzog muss alleine reisen, aber nicht in die Heimat, ihn zieht es nach Wien, der noch anstehenden Prozesse wegen. Prozesse, Streitereien, die Jahre vergehen. Endlich, 1672, hält der Herzog mit seiner Gattin Einzug in Schwerin. Was wird wohl Isabella empfunden haben, als sie die Silhouette der Hauptstadt des kleinen Herzogtums in der Ferne gesehen hat? Sie, die am Versailler Hof gelebt hat. Eine Stadt, nach unseren heutigen Größenverhältnissen eine Landstadt, ein heruntergekommenes Schloss, enge, schmutzige Straßen und über dem Elend ein mächtiger protestantischer Dom. Christian Louis hat Großes vor. Isabella richtet eine katholische Kirche ein, während ihr Mann Truppen anwirbt, um den französischen König im Krieg gegen die Niederlande zu unterstützen. Am 5. Juni 1672 zieht er mit acht Kompanien in Richtung Niederlande. Seine Frau in Schwerin zurücklassend, ausgestattet mit der Befugnis, die Regierung weiterzuführen, den Kanzler Wedemann als Berater an ihrer Seite. Sie kann kein Deutsch, er kein Französisch … die herzoglichen Räte und die Stände einmal wieder ratlos und erzürnt. Angst geht um im Land, dass die Brandenburger einfallen. Die Bauern aus den südlichen Ämtern flüchten in die Städte, die Ernte wird nur schleppend eingeholt. Der Herzog mit seinen Truppen im Westen, als die dann fast aufgerieben aus dem Kampf genommen werden, selber in Paris, die Herzogin schlägt sich langsam wacker in der Politik, sucht Freundschaft zu den erzürnten Nachbarn.

Doch sie hat inzwischen den falschen Berater um sich. Ein Jesuit, auf Anraten eines ihrer französischen Begleiter an den Hof geholt, gewinnt immer mehr Einfluss auf die Herzogin und beginnt in der Schlosskirche gegen die Lutheraner zu predigen. Als der dann Christian Louis die Rückkehr des Landes zum Katholizismus rät, wächst dessen Unmut gegen seine Frau und den Jesuiten. Als sie ihm die weitere finanzielle Unterstützung bei seinem Kriegsabenteuer verweigert, dem Kammerjunker von Bernstorff eine bevorzugte Stellung am Hofe einräumt, kommt es zum endgültigen Bruch. Die Herzogin will zurück nach Frankreich, Christian Louis zurück nach Mecklenburg, um seine starrköpfige Frau zur Vernunft zu bringen. Mal wieder fehlen dafür die Gelder, er muss in Paris bleiben. Seine Räte werden angewiesen, dass die Herzogin die Residenzstadt nicht verlassen darf. Sie ist nun Gefangene auf ihrem eigenen Residenzschloss. Der französische König greift schließlich ein, setzt den Herzog fest. Die zwölf Gardisten, die ihn bewachen, muss er auch noch versorgen. Zwei Monate dauert seine Haft. Erst als Isabella in Paris eintrifft, (dass sie das Schweriner Schloss halb leergeräumt und sogar das herzogliche Tafelsilber mitgenommen hat, scheint wohl eine Mär zu sein) wird er freigelassen, man versöhnt sich, man schlägt sich. Anfang September 1673 kommt es zum endgültigen Bruch. Und wieder haben die Anwälte über Jahre zu tun …

Der Herzog kehrt zurück, das Land kommt nicht zur Ruhe, die Stände, der Herzog klagen, der Nordische Krieg geht über Mecklenburg dahin, mit ihm die Dänen und Schweden, 1679 dann auch noch die Brandenburger. So kann man die nächsten Jahre zusammenfassen. Nichts hat sich geändert, im Großen jedenfalls. Wer besonders leidet, ist das Volk. Zum Ende des Jahres ziehen endlich die letzten fremden Truppen aus dem Herzogtum. Vier Jahre später stehen die Dänen im Land, um angebliche alte Forderungen einzutreiben, die Brandenburger unterstützen sie dabei. Man will die Veste Dömitz, von der aus der lukrative Elbzoll eingetrieben wird. Der Herzog weilt in dieser Zeit schon wieder am Hof des Sonnenkönigs, erkennt die Gefahr, interveniert. Seine Entscheidung heimzukehren, um vor Ort alles zu regeln, kommt zu spät. Ludwig XIV. lässt den Herzog unter Arrest stellen, als dieser sich weigert, auf des Königs Geheiß die Festung an die Dänen zu übergeben. Unter massivem Druck, mit einigen Zugeständnissen, gibt Christian Louis nach. Die Stadt wird von den Dänen besetzt, die Festung nicht. Über Monate bleibt der Herzog in Haft. Erst als mehrere deutsche Fürsten Protest erheben, auch seine Frau setzt sich für ihn ein, lässt der Sonnenkönig den Herzog frei. Am 15. August 1684 wird in Regensburg ein Waffenstillstand geschlossen, der Herzog kommt in dessen Folge frei. Die Truppen räumen das Land, die Kontributionen, die an die Dänen zu zahlen sind, betragen 100 000 Taler. Während der Herzog überlegt, sich politisch Brandenburg zu nähern, besetzt der Brandenburger im Winter wieder mecklenburgische Ämter, um seine Truppen zu versorgen.

Eingang zur Festung Dömitz

Der mecklenburgische Herzog richtet sich wieder an Frankreich, sucht den Vergleich mit seiner Frau, man versöhnt sich. Die kranke Herzogin bedenkt ihn sogar in ihrem Testament. Der Herzog hat ein Problem gelöst, viele weitere harren ihrer Lösung. Dömitz ist wieder in Gefahr, eine Türkensteuer droht, die Kontributionen müssen bezahlt werden, die Stände machen Schwierigkeiten. Und der Herzog weilt noch immer in Paris und sitzt die Probleme aus. Und wirklich nähern sich, dank der Vermittlung der Stände, die beiden mecklenburgischen Höfe. Der Herzog erwägt im Frühjahr 1688 zurückzukehren. Doch die Monate vergehen, inzwischen ist der Krieg zwischen Frankreich und dem Deutschen Kaiserreich wieder ausgebrochen. Christian Louis erhält aus Wien vom Kaiser die Order *„dass er sich ganz fördersamst in sein Land erhebe."* – und der Herzog erneuert den Beistandspakt von 1664 mit Frankreich. Ende November 1688 bricht er dann endlich auf, aber nicht in die Heimat, sondern in die Niederlande. In Amsterdam verbringt er seine letzten Lebensjahre, noch immer im Kampf mit den Ständen und dem Güstrower Hof. Als schließlich der Güstrower Prinz Karl stirbt, wenig später auch der von Christian Louis gehasste Bruder Friedrich, scheint das Güstrower Problem gelöst. Doch der Herzog täuscht sich. Inzwischen schon schwer an Ausschlag erkrankt, kann er seinem Neffen Friedrich Wilhelm noch den Schweriner Landesteil nach seinem Tod sichern. Am 11. Juni 1692 stirbt Herzog Christian Louis in Haag. Zwei Tage später leisten die Landräte und Deputierten dem neuen Herzog per Handschlag ihre Treue. Der Leichnam wird nach Doberan in die Fürstengruft des Münsters überführt. Und er, der immer unter Geldnot gelitten hatte, soll 700 000 Taler hinterlassen haben – auf die sogleich seine französische Frau Ansprüche erheben wird.

Pascheier, Lichtbräuche und mancher Aberglaube

Osterbräuche in mecklenburgischen Dörfern

Ostergruß aus den 1930er Jahren

Kein anderes christliches Fest ist so eng mit der Natur verbunden wie das Osterfest. Bis in die heutige Zeit verflechten sich alte heidnische Bräuche und christliche Traditionen und geben den Osterfeiertagen einen besonderen Charakter. Mit dem Begehen der Ostertage feiern auch heute noch viele Menschen den Beginn des Frühlings. Die Natur erwacht, die Tage werden heller. Das Leben regt sich. Am Karfreitag, für viele Christen der höchste christliche Feiertag, an dem an den Tod und die Auferstehung Jesu Christi gedacht wird, endet auch die traditionelle Fastenzeit. Diese wurde in früheren Zeiten noch von vielen praktiziert. Nach dem Osterfest beginnt auch die eigentliche Schaffenszeit des Bauern, er bestellt seinen Acker, sät, um später zu ernten.

Besonders auf den mecklenburgischen Dörfern gab es eine Vielzahl von Bräuchen, die sich bis in die Mitte des 20. Jahrhunderts hielten. Sie variierten, so können nur einige genannt werden.

Der Karfreitag galt auch damals als der höchste der Osterfeiertage. Man nannte ihn den „Stillen Fridag", dieser Tag hatte eine besondere Kraft. Es hieß, dass schon in der Nacht zum Karfreitag kein Zauber wirksam würde. An diesem Tag gedachte auch die Natur des Heilands. So war man der Meinung, dass das Licht der Sonne schwächer sei, der Tag oft voller Dunst wäre. Die Heiligkeit des Karfreitags wurde streng gewahrt. Mensch und Tier durften keine Arbeit verrichten. Brachen Menschen dies, wurden sie bestraft, wie Volkssagen berichten. Kartenspieler würde der Teufel persönlich holen. Selbst der Kirchgang erfolgte in vielen Gegenden per pedes. Das Gespann blieb im Stall. Oft wurde der Karfreitag als erster Kirchgang der kleinen Kinder erwählt. Es hieß, sie würden dann klug werden. In der Rehna-Ratzeburger Gegend legten die Familien am Karfreitag stets ihre Trauer-, nicht ihre Festtagstracht, an, um des Todes Jesu zu gedenken. Es gehörte in vielen Gemeinden zum guten Ton, beim Läuten der Glocken zu weinen (ob das beide Geschlechter taten, ist nicht überliefert). Kam man dann aus der Kirche, wurde nicht geschlemmt, oft gab es Fisch, aber keinesfalls Hecht, denn er trug „die Leiden Christi im Kopf".

In den Küstendörfern der Rostocker Gegend wurde von den Fischern und Seeleuten, sofern sie einen Mast im Vorgarten hatten, die Flagge auf Halbmast gesetzt.

Auch der Oster- oder Karsonnabend wurde auf den mecklenburgischen Dörfern still begangen und endete mit einem Gottesdienst nach dem Sonnenuntergang. Osterfeuer wurden mit Beginn der Dunkelheit, wenn vorhanden auf Hügeln, entzündet. Dieser Brauch stammt aus heidnischer Zeit, er gehört zu den Lichtbräuchen, die den Winter vertreiben sollen. Anfang des 20. Jahrhunderts war dieser Brauch fast ausgestorben, fand aber nach 1989 wieder weite Verbreitung.

Am frühen Morgen des Sonntags schöpften die Mädchen in den Dörfern „Osterwasser" aus den Bächen, welches eine schöne Haut geben und gegen

Sommersprossen helfen sollte. Das Wasser galt auch als besonders gesund. Allerdings durften die Mädchen nicht gesehen werden und mussten den Rückweg schweigend zurücklegen, sonst verlor das Wasser seine Wirkung. In einigen Gegenden wuschen sich die Familien direkt in den Bächen oder Flüssen, auch wurde das Vieh oftmals in das Wasser getrieben. So sollte es gesund bleiben. In der Gegend um Woldegk legten die unverheirateten Mädchen am Ostersonnabend Laken auf die Wiesen aus. Am Ostersonntag in aller Frühe badeten die Mädchen dann in dem aufgefangenen Tau, um schön zu werden.

Die Ostereier, in Teilen Mecklenburgs früher auch „Pascheier“ genannt, spielen noch heute eine große Rolle im österlichen Brauchtum. Ursprünglich gehörten sie als Teil zum Lohn und wurden den Knechten gereicht. In der Gegend um Mirow kochten die Ochsenknechte in der Osternacht Eier und rieben mit dem Kochwasser die Hälse der Ochsen ein. Daraus entwickelte sich im Laufe der Jahre das morgendliche Eiersuchen der Kinder. Das Verstecken der Eier übernahm im österlichen Glauben der Osterhase, Sinnbild der Fruchtbarkeit schlechthin, ist er doch für seine Fortpflanzungslust bekannt. Aber auch das Ei gilt als Symbol der Fruchtbarkeit, dessen Kraft in Mensch und Erde übertragen werden sollte.

In den Grenzgebieten zu Brandenburg und durch Zuzug aus dem Brandenburgischen trudelten die Kinder von den Hügeln Eier. Das Kind, dessen Ei ein anderes, schon vorher und weiter getrudeltes Ei berührte, gewann dieses Ei. So geschehen auch in Göhren bei Crivitz. Das Eiertrudeln wurde von den Kindern des aus Dannenwalde gezogenen Dorfschmieds Erich Gnade eingeführt. Früh trafen sich die Dorfkinder auf dem Köpckeschen Berg, um dem Spiel nachzugehen. Dieser Brauch ist auch aus Plau überliefert. Am Ostersonntag, nach dem Kirchgang, der in der Festtracht der Gegend absolviert wurde, tafelte die Hausfrau, je nach ihren Möglichkeiten, ein opulentes Ostermahl auf.

Der aus Goethes „Faust“ bekannte Osterspaziergang wird aber mehr ein städtisches Ritual gewesen sein. Natürlich entwickelte sich zu Beginn des 20. Jahrhunderts eine „Osterindustrie“. Osterwünsche sollten verschickt werden, Süßigkeiten in Hasen- und Eierform begannen ihren Siegeslauf. Auf dem Land allerdings setzten sich diese Dinge recht spät durch.

Und heute? Osterhasen und Nougateier tauchen in den Regalen der Supermärkte bereits im Februar auf. Ostergrüße werden meist über Whatsapp an die Lieben in der Fremde verschickt. Aber das kindliche Eiersuchen im Garten, wenn man denn auf dem Lande lebt, oder in der Wohnung, findet noch immer große Freude. Osterfeuer brennen, und die Menschen erfreuen sich an der erwachenden Natur und den länger hellen Tagen. Allerdings: Wie viele Menschen können noch den Sinn der Osterfeiertage erklären?

Und haben Sie in diesem Jahr eine Osterkarte bekommen?

Wenn einer eine Reise tut …

Der Beginn des Chausseebaus in Mecklenburg-Schwerin

Das Reisen in Mecklenburg muss bis zum ersten Drittel des 19. Jahrhunderts ein Abenteuer gewesen sein. Schmale, zerfahrene Wege, im Herbst und Frühjahr oft nahezu bodenlos verschlammt, verlauste und verwanzte Herbergen und Reisen auf engstem Raum, oft schutzlos den Jahreszeiten und dem frechen Postkutscher ausgesetzt. Die überlieferten Klagen von Reisenden könnten ein ganzes Buch füllen. So berichtet der englische Globetrotter Thomas Nugent über den Zustand der Landstraße von Schlutup nach Dassow im Jahr 1766: „*Hier ward der Weg wegen der großen ungeheuren Steine, die allenthalben herumlagen, so desperat als es immer nur werden konnte (…).*"

Noch 1825 schreibt der deutsche Reisende Alexander von Lengerke: „*(…) schlechtere Landstraßen, als man in Mecklenburg antrifft, wollen schwerlich in deutschen Staaten gefunden werden! (…) in der schönsten Sommerzeit habe ich auf den frequentesten Landstraßen Pfützen und Gruben gefunden, in welche der Wagen fast bis an die Naben versank.*"

Fritz Reuter berichtet in seinen Erinnerungen, dass sich ein Kaufmann aus Stavenhagen, der sich auf eine Reise nach Hamburg begeben wollte, von seinen Verwandten und Freunden am Vortag der Abreise verabschiedete und das Abendmahl nahm, als würde er zu einer Weltreise aufbrechen.

Bedingt durch die Gesetzgebung in Mecklenburg konnte der Herzog die Stände nicht zur Unterhaltung des Wegenetzes zwingen. Dabei war der desolate Zustand allgemein bekannt. So findet man im „Patriotischen Archiv der Herzogtümer Mecklenburg" 1803 eine große Abhandlung „Über den Wegebau und die nötige Verbesserung der Landstraßen". Doch niedere und höhere Stände nahmen die Zustände als gottgewollt hin. Zwar wurde 1701 schon ein herzogliches Wegeamt gegründet, welches den Zustand des Wegenetzes überwachen sollte. Seine „Arbeit" war nahezu wirkungslos, denn eine Verbesserung trat nicht ein. Die Herzogliche Wegekommission brach meist im Sommer auf, wenn sich die Straßen und Wege in einigermaßen erträglichem Zustand befanden. Zu einer anderen Jahreszeit wären die hohen Herren mit Sicherheit zu anderen Ergebnissen gekommen.

Während der Ausbau des Straßennetzes in anderen deutschen Staaten wie Preußen oder Hannover schon weit fortgeschritten war, träumte Mecklenburg, wie so oft, noch in den ersten Jahrzehnten des 19. Jahrhunderts seinen Dornröschenschlaf. Allerdings keimte einmal Hoffnung bei den geplagten „Fahrberufen" auf: Durch die Gründung von Ludwigslust als Residenzstadt musste Herzog Friedrich der Fromme, der dem gottlos unzüchtigen Treiben der Schweriner entkommen wollte, eine erste Kunststraße bauen. Denn eine schnelle Verbindung zwischen dem Sitz der Ministerien und der Residenz musste gewährleistet werden. Kilometerlang, nahezu schnurgerade zieht sie sich noch heute durch die Landschaft. In Ortkrug entstand eine Pferdewechselstation. Der von Demmler 1836 im Zuge des späteren Chausseeneubaues errichtete Marstall ist noch heute erkennbar und wird als Wohnhaus genutzt.

Dass der schlechte Zustand des Fracht- und Poststraßennetzes nicht mehr tragbar sein konnte, war Friedrich Franz I. bewusst. Um überhaupt einen Ausbau des Netzes zu ermöglichen, musste eine Inventarisierung der bestehenden Post- und Frachtstraßen erfolgen. Am 12. August 1812 wies der Herzog eine Längenvermessung des Straßennetzes für Mecklenburg-Schwerin an. Damit beauftragt wurde der Artilleriehauptmann von Seydewitz. Bereits neun Tage später legte er ein Gutachten *„wie eine allgemeine Landes-Meilen-Vermessung auf das geschwindeste und am wenigsten kostspieligste, nach meinen wenigen Einsichten könnte veranstaltet, und ausgeführt werden."* vor. Am 24. September 1812 erhielt er den Auftrag und konnte bereits am 7. September 1814 die Beendigung des „Messungsgeschäftes" an seinen Herzog melden. Am 27. Oktober veröffentlichte von Seydewitz seine Ergebnisse in einem „Meilen-Vermessungs-Register". Ein Nachtrag erschien im August 1816. Die Regierung ließ es in dieser Jahren nicht an Bemühungen fehlen, den Zustand des Straßennetzes zu verbessern. Es finden sich zahlreiche Anordnungen darüber. Doch die Kontrolle der Umsetzung war ungenügend. Gute Kunststraßen kosten viele Taler. Wo sollten diese herkommen? Die Stände und der Großherzog (seit 1815) einigten sich auf dem Landtag 1821 auf eine Privatfinanzierung, „*ob sich nicht Personen finden möchten, die auf eigene Kosten, gegen ein zu bestimmendes angemessenes Wege-Geld, den Bau von Kunststraßen, zunächst etwa auf den größten Commercial-Wegen des Landes, unternehmen würden.*“ Ein Jahr später erließ Friedrich Franz die Anweisung, den Chausseebau durch „patriotische Lieferungen“ von Findlingen an die zukünftigen Baustellen zu unterstützen. Damit war das Todesurteil für viele vorzeitliche Grabanalagen gesprochen, die beräumt wurden. Preußen, 1815 durch den Wiener Kongress um etliche Landesteile größer geworden, begann mit der Schaffung eines modernen Poststraßennetzes mit Berlin als Zentrum. Im Zuge dieser Planungen sollte auch die Strecke von der preußischen Hauptstadt nach Hamburg als Chaussee geschaffen werden. Ein kurzes Stück der geplanten Straße führte auch über mecklenburgisches Gebiet. Ab 1824 gab es Verhandlungen zwischen dem preußischen Geheimen Postrat Schmückert und dem Generalpostmeister für Mecklenburg-Schwerin, dem Geheimen Kammerrat Ludolf Friedrich von Lehsten, der dem Chausseebau ablehnend gegenüberstand. Ganz anders Großherzog Friedrich Franz. Nach monatelangen Verhandlungen einigten sich beide Seiten auf die zum Teil neue Trasse, und am 1. Juli 1824 wurde der Vertrag von beiden Parteien ratifiziert. Während die zukünftigen Anwohner der neuen Trasse durch den Verkehr einen wirtschaftlichen Aufschwung erwarteten und die Trassenführung begrüßten, sahen die Krüger, Schmiede und Gutsbesitzer der aufgegebenen Teilstrecken der alten Poststraße ihren vermeintlichen wirtschaftlichen Ruin und intervenierten beim Großherzog – allerdings vergeblich. Auch der Landtag verhielt sich abwartend bis ablehnend. Doch der Fortschritt ließ sich nicht mehr aufhalten. Da die Planungen auf der preußischen Seite den Chausseebau nach McAdam, die sogenannte Makadamisierung, ausführen ließen, war es nur logisch, dass diese Methode auch auf dem mecklenburgischen Streckenabschnitt genutzt wurde. Bereits während der Verhandlungen mit Preußen fanden die Mecklenburger eine englische Kapital-Gesellschaft, die den Bau des mecklenburgischen Streckenabschnittes und weiterer Chausseen finanzieren würde. Dieser Plan wurde vom Landtag im November 1825 abgelehnt, so dass neu verhandelt werden musste und sich der neue Vertrag nun nur noch auf den Streckenabschnitt zwischen Boizenburg und der Landesgrenze bei Grabow bezog. Am 13. Dezember 1825 wurde der neue Vertrag unterschrieben, einen Tag später vom Großherzog ratifiziert. Damit waren die rechtlichen und finanziellen Grundlagen für den Bau geschaffen worden. Die Planungen für den ersten Chausseebau in Mecklenburg konnten beginnen. Doch bevor die ersten Kutschen auf dem Abschnitt von Grabow bis Boizenburg/Elbe rollen würden, mussten noch viele Hürden überwunden werden.

Das Wandern ist des Müllers Lust …

Chausseebau mit Hindernissen

… doch ob die Lust der Müllerburschen und die der anderen fahrenden Gesellen und Reisenden auf den mecklenburgischen Straßen wirklich so groß war, kann bis zum ersten Drittel des 19. Jahrhunderts bezweifelt werden. Straßen, die den Namen „Weg" verdienten, verkommene Pferdewechselstationen und Krüge, Strauchdiebe, die die Passagiere der Postkutschen und Wanderer erleichterten. Doch das sollte sich ab 1830 ändern. Mit dem Baubeginn der Berlin-Hamburger Chaussee, deren Trasse teilweise durch Mecklenburg-Schwerin verlief, brach auch für den Reisenden in Mecklenburg ein neues Zeitalter an. Die Schweriner Regierung hatte bereits 1823 einen umfangreichen Vertrag mit einer englischen Kapitalgesellschaft geschlossen, der den Bau weiterer Poststraßen vorsah. Dieser wurde aber vom Landtag abgelehnt. So durfte zunächst nur der Abschnitt der Chaussee zwischen Grabow und Boizenburg gebaut werden. Die Straße sollte als Steinschlagchaussee ausgeführt werden, d.h. dass auf einem Straßenplanum mehrere Schichten zerschlagener Steine verschiedener Größe aufgebracht werden sollten. Diese Methode hatte der Schotte Mac Adam entwickelt. Die erforderliche Menge Steine für die Makadamisierung (Technologie nach Mac Adam) sowie die Arbeitskräfte musste die mecklenburgische Regierung bereitstellen. Auch die Chausseehäuser und Brücken waren Sache der Mecklenburger. Die englische Gesellschaft verpflichtete sich nach Fertigstellung des mecklenburgischen Abschnitts 21 Jahre für den ordnungsgemäßen Unterhalt der Chaussee. Zuvor sollte jede gebaute Meile zweimal kontrolliert werden. Pro Meile (7532,485 Meter) erhielt die Gesellschaft 24 800 Reichstaler, für die Unterhaltung jeder Chausseemeile jährlich 800 Taler.

Bereits vor Beginn der Arbeiten ergaben sich erste Schwierigkeiten, denn für jede Meile waren ca. 10 000 Kubikmeter Steine zu sammeln und an vorgesehenen Plätzen entlang der Trasse zu lagern. Im Domanium wurden dazu die Hausbesitzer verpflichtet, doch gab es in diesem Gebiet örtlich nicht genügend Steine. Die Rittergüter verweigerten teilweise die Lieferungen. Schließlich wurde eine Chausseekasse gebildet, um die Arbeiter für das Heranschaffen der Steinmengen zu entlohnen. Teilweise wurden die Steine aus weit entlegenen Dominaldörfern (20 bis 25 Kilometer) herbeigeschafft. In der Boizenburger Gegend trug man sogar illegal Trockenmauern ab. Proteste der betroffenen Bauern wurden von der großherzoglichen Kammer abgewiesen. Die Mittel für den Bau der Wärterhäuser und Brücken wurden ebenfalls aus der Chausseekasse entnommen.

Im April 1826 begannen die Steinschlagarbeiten. Dafür wurden zusätzlich 50 Tagelöhner herangezogen. Doch bereits Anfang Juni kam es zu Protesten. Die Arbeiter forderten mehr Geld, legten teilweise ihre Arbeit nieder. Schließlich zogen etwa 500 Menschen auf den Grabower Markt und wurden von Militär ohne Gewalt aus der Stadt gedrängt. Als die Arbeiter erkannten, dass die Gesellschaft ihre Lohnforderungen nicht erfüllen würde, nahmen sie die Arbeiten wieder auf.

Im Laufe der nächsten Monate zeichnete sich ab, dass es durch die unterschiedlichen Untergründe nicht möglich war, die Chaussee zusammenhängend zu bauen. Auch wurden Streckenabschnitte fehlerhaft angelegt, so dass die mecklenburgische Regierung Aufsichtspersonen einsetzte. Am 4. Dezember 1826 teilte W. Elliot, der Leiter der Arbeiten vor Ort, dem Aufsichtsbeamten der mecklenburgischen Seite, Kammerrat Störzel, mit, dass die erste Meile zwischen Groß Warnow und Ludwigslust eröffnet werden konnte. Die Revision kam zu einem anderen Urteil. Am 31. März 1827 erfolgte eine weitere Revision, die ebenfalls erhebliche Mängel feststellte. Das Testfahrzeug, ein mit drei Tonnen beladenes und vier Pferden bespanntes Fuhrwerk, benötigte von der Grabower Vorstadt bis Ludwigslust eine Stunde und 34 Minuten, über eine Stunde weniger als bisher, hinterließ aber tiefe Rinnen auf dem Untergrund. Im Verlauf der Arbeiten verbesserte sich die Qualität der Abschnitte. Elliot lernte durch die Praxis, dass die Theorie und deren Umsetzung im Straßenbau nicht gleich waren. Doch nicht nur fehlende Erfahrung, auch ökonomische Zwänge behinderten die Arbeit. Trotzdem konnte mit der Übergabe des letzten Bauabschnittes von Boizenburg bis zur lauenburgischen Grenze im Dezember 1829 der Chausseebau auf mecklenburgischem Gebiet abgeschlossen werden. Ärger gab es weiterhin. Im März 1828 war eine Hauptvermessung der gebauten Strecke, beginnend am Hauptmeilenstein in Ludwigslust, zu den jeweiligen Landesgrenzen durch den mecklenburgischen Kammeringenieur Voß durchgeführt worden. Dabei stellte Voß unterschiedliche Messkettenlängen fest. Elliot protestierte bei Friedrich Franz I., befürchtete übervorteilt zu werden, was aber nicht den Tatsachen entsprach. Die Hauptvermessung ergab eine Länge von 79 Kilometern und 394,41 Metern. Eine beachtliche Strecke, wenn man bedenkt, dass die Bauzeit lediglich drei Jahre und acht Monate betrug.

Der Bau des mecklenburgischen Abschnitts der Berlin-Hamburger Chaussee zeigte nur den Beginn eines umfangreichen Chausseebauprojektes in den nächsten 50 Jahren. Einige Beispiele: 1834 Schwerin bis Wismar; 1836 Rostock über Laage bis Teterow; 1842 bis 1847 die Strecke Wismar-Rostock. Bis 1855 wurden 1065 Kilometer Kunststraßen angelegt. Davon waren 598 Kilometer Aktienchausseen, die von Kapitalgesellschaften gebaut wurden.

Die erste Chaussee in Mecklenburg-Strelitz, 1839 angelegt, führte von Neustrelitz über Fürstenberg bis an die preußische Landesgrenze.

Natürlich musste das investierte Kapital wieder in die großherzoglichen Kassen fließen. Dies geschah durch eine Maut, sprich Chausseegelderhebung, die aus den „Hebestellen“ heraus erhoben wurden. In diesen Chausseehäusern wohnte der Einnehmer mit seiner Familie, später auch ein Chausseewärter, der für die Instandsetzung seines Abschnittes, meist 7,5 Kilometer, zuständig war. 1873 gab es in Mecklenburg-Schwerin 116 Hebestellen. Seit dem 22. Juni 1888 übernahm der Staat die Kosten. Etliche dieser Chausseehäuser sind noch heute erhalten, viele aber auch gefährdet.

Mit zunehmender Verkehrsdichte wurden die ursprünglichen Decken der Kunststraßen gepflastert, dann geteert, schließlich asphaltiert. Auf dem Gebiet des einstigen Großherzogtums Mecklenburg-Schwerin stehen noch 222 Meilensteine. Auch der Hauptmeilenstein in Ludwigslust, der Nullpunkt der Chausseevermessung, ist noch erhalten. Diese Zeitzeugnisse am Straßenrand sind es wert, von den Autofahrern wahrgenommen

Chausseehaus in Hohen Demzin

zu werden, stellen sie doch Zeugnisse der Verkehrsgeschichte unseres Landes dar.

Der Hauptmeilenstein in Ludwigslust

Die Märchenwelt der Johanna Beckmann

Eine schwarz-weiße Wunderwelt

Die Adventszeit, früher die besinnliche Zeit in den Familien, ist heute oft die stressreichste Zeit des Jahres: die Jagd nach Geschenken, randvoll mit Weihnachtsfeierterminen gefüllte Kalender, Kaufstress. Bildschirme und Plakate fordern auf „Kauf mich!" Weihnachtsmusik und Jingle Bell, Merry Christmas … Wo ist sie hin, die ruhige Zeit der Besinnung, des Insichgehens, des Plätzchenbackens und der Märchen, die erzählt wurden? Stopp, der Autor will nicht jammern. Sicher gibt es diese Stunden noch in vielen Familien. Aber ob einer von den Großeltern oder Eltern eines der Märchenbücher Johanna Beckmanns hervorholt, um mit den Kindern beim Betrachten der Scherenschnitte und Vorlesen der gereimten Märchen die Zeit vor der Bescherung zu verkürzen, bezweifle ich. Dabei sind diese dünnen Bücher mit den meisterhaften Arbeiten der Künstlerin zeitlos wunderschön und nehmen auch heute noch kleine und große Leser mit sich.

Johanna Beckmann erschuf mit ihrer Kunst des Scherenschnittes über dreißig Jahre eine schwarzweiße Wunderwelt. Besonders ihre Märchenbücher zeigen eine zauberhafte Welt, mit der Schere meisterhaft gestaltet, voller filigraner Kunst, wie sie kaum vorstellbar ist.

Die Künstlerin ist ein Naturtalent, 1868 auf dem väterlichen Gut Butterholz bei Brüssow in der Uckermark geboren, bekommt sie von ihrer Tante als kleines Mädchen eine Schere geschenkt. Die Tante zeigt ihr erste Schnitte, das kleine Mädchen ist begeistert. Diese Schere wird sie hüten wie ein Amulett. Johanna Beckmann wächst in Burg Stargard auf. Das Mädchen läuft mit offenen Augen durch die Natur, beobachtet Pflanzen und Tiere, zeichnet und schneidet, versucht die Stimmungen in der Natur, die Feinheiten von Pflanzen und Tieren auf Papier zu bannen. Sie weiß, dass sie Künstlerin werden will. Am 1. April 1886 geht die junge Frau nach Berlin. Unabhängig, ohne finanzielle Unterstützung, schreibt sie sich an der Unterrichtsanstalt des Königlichen Kunstgewerbemuseums ein, wechselt dann an die Königliche Kunstschule, macht dort ihren Abschluss und studiert an der Zeichenschule des Lette-Vereins, um den Beruf der Zeichenlehrerin zu erlernen. Der Beruf soll lediglich ihre künstlerischen Ambitionen finanziell absichern. Nach einem Jahr als Lehrerin in Stettin kehrt sie nach Berlin zurück, will sich vervollkommnen und besucht die Eliteklasse des Königlichen Kunstgewerbemuseums. Hier begegnet sie Professor Kips, dem ihre meisterhaften Scherenschnitte auffallen. Kips ist künstlerischer Direktor der Königlichen Porzellanmanufaktur (KPM) und überzeugt sie, für ihn zu arbeiten. Ab 1891 entwirft die Künstlerin Motive für die Serien der Manufaktur, entdeckt dabei den Jugendstil für sich. Es sind Vasen und Tellerdekorentwürfe aus der Zeit um 1897 von ihr erhalten. 1895/96 zeigt sie ihre Scherenschnitte in Ausstellungen in Berlin, Hamburg, Dresden und Karlsruhe. Johanna Beckmann zeichnet und schneidet für „Die Gartenwelt“ und für gärtnerische Fachbücher. Sie entwickelt eine eigene, dem Jugendstil nahestehende Schrift, mit der sie auch ihre ersten, 1905/06 erscheinenden Bücher ausstattet. Für die Künstlerin naheliegend, dass ihr erstes Buch Naturmotive enthält. Johanna Beckmann wird bekannt, kann ihr Leben als freie Künstlerin finanziell selbst gestalten. 1906 unternimmt sie eine Nordlandreise durch Schottland, Island und Norwegen und berichtet darüber in der Zeitschrift „Die Welt auf Reisen“. 1907 veröffentlicht sie ihr erstes Märchenbuch „Sternlein. Märchen in Prosa“, zwei Jahre später „Andersen Märchen“. Die Künstlerin erlebt ihren Höhepunkt. 1910 verlegt der Stiftungsverlag in Potsdam „Vom ZufriedenWerden“, für sie später ihr künstlerischstes Werk. Der Verlag wird ihr ein künstlerisches Zuhause bis zu ihrem Tod bieten. Ein Jahr später erscheint ein Lehrbuch für den Scherenschnitt.

Die Künstlerin erkrankt an einem Augenleiden. Krankenhausaufenthalte mehren sich, sie gibt ihre Arbeit an der KPM auf, ist viel in Burg Stargard, schneidet, zeichnet, trotz Verbot der Ärzte. Ihre bedeutendsten Bücher entstehen: „Deutsche Märchen“, zwei dünne Bände, zauberhaft gestaltet. Rotkäppchen, Hänsel und Gretel, der Froschkönig tummeln sich. Alles filigran geschnitten, voll liebevoller Details, mal im späten Jugendstil, doch die Arbeiten zeigen ihre eigene Kunst. Auch die Verse, die die Bilder begleiten, stammen aus ihrer Feder. Johanna Beckmann hat nicht die Größe als Dichterin, doch die Verse sprechen an, besonders Kinder. Ihre Arbeiten erscheinen in „Daheim“, in Jugendzeitschriften. Ihre Postkarten erleben hohe Auflagen. Die Künstlerin lebt zurückgezogen in einer kleinen Wohnung in Berlin-Mitte, doch sie ist oft in Burg Stargard, durchwandert mit Skizzenblock die Landschaft um die kleine Stadt und sammelt Motive. Mit dem Ende des Ersten Weltkrieges bricht ihr Erfolg ab. Der Zeitgeschmack ändert sich. Die Künstlerin geht keine neuen Wege in ihrer Kunst, schneidet weiter die Idylle und Naturtreue in ihr Papier. Das Buch „Pflanzenleben“ wird allerdings noch einmal ein Erfolg. Ihr Augenlicht wird immer schwächer. Sie spürt das Vergessen, lebt in ärmlichen Verhältnissen, wird von vielen Leuten belächelt, gilt als Einzelgängerin. Doch die Stargarder Kinder lieben sie, stehen der „Mutter Hex“ Modell.

Hänsel und Gretel

Sterntaler

Ihre Bücher werden nach 1933 nahezu unverkäuflich. Die neue, laute, bald grausame Zeit kann mit den grazilen, zärtlichen, friedlichen Figuren nichts anfangen. Am 8. Februar 1941 stirbt die Künstlerin einsam in Berlin. Ihre letzte Ruhestätte findet sie auf dem Friedhof in Burg Stargard.

Eine Straße der kleinen Leute – die Schweriner Müllerstraße

Eine Straße voller Geschichten

Es gibt Plätze und Straßen, die atmen Geschichte aus – auch in Schwerin. Ihre Namen stehen auf Urkunden und in Zeitungen, werden im Rundfunk genannt und hundertfach im Internet gegoogelt (wie es die neue Zeit verlangt).

Es gibt in Schwerin Straßen, in denen Persönlichkeiten lebten und leben: Dichter, Komponisten, Politiker, die etwas sind oder sich für etwas halten.

All dies trifft auf die Straße, die ich beschreiben will, nicht zu. Und doch ist sie eine besondere Straße, voller Persönlichkeiten, Sehenswürdigkeiten und Geschichten, auch wenn in ihr keine Geschichte geschrieben wurde. Denn sie ist meine Straße, weil ich dort meine Kindheit und Jugend verbrachte. Ich will versuchen, sie zu beschreiben, mit ihren Gerüchen, ihren Menschen, ihren Sehenswürdigkeiten und Geschichten, und weiß doch, dass es unmöglich ist, denn dies alles gab und gibt es dort hundertfach, und ich kenne nur einen winzigen Teil.

Meine Straße steht in keinem Reiseführer Schwerins, sie liegt abseits der Hauptstraßen, bildet zwei Reihen Gründerzeithäuser, deren Zwischenraum mit Kopfsteinpflaster ausgefüllt ist, ihre Häuserparallele wird von einer Allee unterbrochen, um dann rot geziegelt, sanft gewunden leicht ansteigend, hinter einer quer laufenden Sandsteinmauer, deren Granitstufen in den tieferen Teil führen, als Appendix zu enden. Ich bin Vermesser, darum ihre geographische Lage: 53 Grad, 37 Minuten, 39 Sekunden nördlicher Länge und elf Grad 24 Minuten 12 Sekunden östlicher Breite.

Mitte des vorletzten Jahrhunderts waren an dieser Stelle zwei Mühlen – ob nun beide oder nur eine der Mühlen dem Müllermeister Janssen gehörte, kann ich nicht sagen. Jedenfalls wurden die Windmühlen zu Dampfmühlen umgebaut und standen später als Ruinen bis in die 1920er Jahre. Die Mühlenstraße war schon vergeben, so nannte man die neu angelegte Straße einfach Müllerstraße – obwohl einen Müller das 1888 erschienene

Adressbuch der Großherzoglich Mecklenburg-Schwerinschen Residenzstadt in dieser Straße nicht ausweist.

Derselbe Wohnungsanzeiger vermerkt die Nummer eins im Bau, zwei Jahre später sind drei Gebäude und vier Baustellen im Straßenregister vermerkt. Um die Jahrhundertwende ist die Straße bis zur Einmündung Roonstraße (heute von-Thünen-Straße) mit vierstöckigen Häusern bebaut. Sie wirkt wie viele Straßen aus dieser Zeit trotz Stuck und bärtigen Betonköpfen uniform und lieblos ausgeführt. Das Haus Nummer 13 hatte Kaufmann Manzelmann errichten lassen und schon wenig später an Emil Weichmann, von Beruf Müller, verkauft, der das Haus an einen Milchhändler weiterverkaufte. Das geschah 1904, damit ist der eigentliche Grundstein für „meine Straße" gelegt worden. Heinrich Dettmann ist der Name des Käufers, und ich werde in der vierten Generation in diesem Haus wohnen.

Die Jahre gehen dahin, auch in dieser Straße wird geboren und gestorben, viele Familien bleiben sesshaft, wie die Adressbücher von 1926 und 1938 zeigen. 1938 ist die Müllerstraße dann schon mit Backsteinhäusern bis zur Sandstraße bebaut. In diesem Teil wohnen Unteroffiziere der Wehrmacht. Doch im alten Teil leben von Beginn an Handwerker, Angestellte, viele Eisenbahner, Kleinbürger und Arbeiter, es gibt kleine Werkstätten und Läden. Die meisten von ihnen überleben den Krieg, Inflation, einen neuen Krieg und sterben erst mit ihren Besitzern oder durch die Politik des Arbeiter- und Bauernstaates.

Das Leben fließt hier ruhiger als an den Ausfahrtstraßen oder in der Innenstadt – auch noch 1966, als ich als Fünfjähriger mit meinen Eltern in das Haus der Großeltern ziehe. Meine frühesten Erinnerungen an diese Zeit: Die Fensterspiegel, deren genauen Zweck ich recht bald erfuhr. Nur selten konnte man die geputzten Sockel der Häuser mit Tafelkreide verzieren, ohne plötzlich aus einem der gegenüberliegenden Fenster lautstark ermahnt zu werden.

Schnell hatte man als Hinzugezogener Anschluss an die Jungenbande der Straße. Die Müllerstraße wimmelte von Kindern, auch der angehängte neuere Teil, doch seltsamerweise waren wir aus der „Alten" nicht gerade grün mit den Jungen aus der „Neuen". Die Kinderstraßenspiele wurden allerdings gemeinsam in der Sackgasse vor der Treppe gespielt. Dort war man sicherer vor den wenigen Autos und konnte gut über die Treppe in die Grünanlagen flüchten, wenn man mal zu laut wurde.

„ABO-BIBO", „Wer fürchtet sich vorm schwarzen Mann?", „Fischer, Fischer, wie tief ist das Wasser?" waren unsere Sommerspiele, bei Gummitwist machten wir richtigen Jungen natürlich nicht mit, ließen aber gerne die Gummis auf die nackten Waden der Mädchen schnippen. Im Winter wurde auf der „Russenwiese", sprich „Platz der Opfer des Faschismus" auf der breiten Treppe gerodelt oder Schlitterbahnen angelegt. Etwas später kamen dann die berüchtigten Schlachten mit den Katschis und den Erbsencolts. Da ging schon mal eine Scheibe zu Bruch.

Auch wenn die Häuser in der Müllerstraße grau waren, ihre Hinterhöfe waren voller Bäume und Büsche, es gab kleine Gärten in den Höfen und herrliche Schuppenverstecke. Überhaupt wirkte die Müllerstraße beschaulich, mehr wie aus der Kleinstadt in die Bezirksstadt gesetzt, auch wenn ihre Häuserreihen zu hoch für Crivitz oder Brüel waren. Es wurde von Fenster zu Fenster über die Straße erzählt, die alten Männer legten ihren Zigarrenstummel auf dem Ladenfenstersims an der Ecke ab, wenn sie ihr Feierabendbier holten oder es gleich vor dem Laden tranken. Auf den Hinterhöfen gab es Karnickelbuchten und eine Unzahl von Katzen.

Als Zehnjährige kletterten wir von Hinterhof zu Hinterhof, stöberten in den Schuppen und Ställen, nahmen auch so manches mit, um zu bauen und zu basteln oder zu essen. Und essen konnten wir immer. Oft genug waren wir auf der Flucht vor den Hausbesitzern. Ich hatte dabei ein großes Manko: Ich war der Jung vom Milchmann und dadurch bekannt, auch wenn mein Großvater schon lange tot war und meine Oma ihren Laden aufgegeben hatte. Besonders gefürchtet war der Laternenmann, ein für uns Kinder steinalter Mensch, der mit einem langen Haken in den frühen Abendstunden die Gaslaternen zum Leuchten brachte. Wir Jungen machten uns einen Spaß daraus, die Lampen schon vorher aus ihrem Dämmerlicht zu wecken. Fuchsteufelswild jagte er hinter dem ersten Bengel, der ihm über den Weg kam, hinterher, egal, ob dieser Junge der Übeltäter war oder nicht.

Es gab so einige Originale in der Straße. Vorne, fast an der Ecke zur Wittenburger, wehte die blaue Fahne mit dem Lumpenmännchen vom Altstoffhandel. Der alte Mann, der die Flaschen, Gläser und Zeitungen sortierte und wog, war immer angetrunken. Wir Jungs vermuteten, dass er die Reste aus den abgegebenen Flaschen soff. Immer versuchten wir ihn zu betrügen, doch er war ein Rechenass. Es klappte nie.

In der Nummer 9 wohnte Frau Schuldt, eine alte Dame, von den grauen Haaren bis zu den Schuhen Dame und Künstlerin. Als junge Frau war sie als Rezitatorin plattdeutscher Texte durch das Land gereist, hatte auch an Theatern gearbeitet und kannte etliche Künstlerkolleginnen und -kollegen, mit denen sie gemeinsam alt geworden war und die noch bei ihr verkehrten. Frau Schuldt hatte im Alter ein Hüftleiden, das sie an ihre Wohnung band. Füllte sich ihr Wohnzimmer mit Besuchern oder wurde ein Damenkränzchen gepflegt, kam Stimmung auf. Einige Male klingelte das Telefon in unserer Wohnung. „Dach ok, Herr Dettmann, seggen Sei mal, koenen Sei Ehren groten Soehn fix bi mi vörbischicken?" Mein Vater wusste, was nun kommen würde und stimmte zu, obwohl ich jedes Mal flehte, keinen Gang machen zu müssen. In null Komma nix musste ich zu ihr und wurde von jubelnden, leicht angetrunkenen alten Damen empfangen. Den obligatorischen Perlonbeutel und einen Zettel in der Hand, versehen mit der Bitte um Aushändigung von Kirschlikör und ihrem Autogramm, machte ich mich dann auf meinen Weg zum Getränkestützpunkt, um für die Damenrunde Nachschub zu holen. Der wurde mir auch stets ohne Proteste, getarnt in einer braunen Papiertüte, ausgehändigt, und die Damen empfingen mich mit Freude. Manchmal wurde ich zum Bleiben aufgefordert, ich floh stets nach wenigen Anstandminuten. Musste ein Zehnjähriger die Frage nach einer möglichen Freundin beantworten?

Obwohl, ich hatte eine, sie wohnte in der Nummer 10, ich kannte sie seit der Vorschule, wir spielten miteinander, auch Theater, denn ihr Großvater hatte beim Staatstheater gearbeitet und etwas aus dem Fundus vererbt. In der vierten Klasse zog sie fort. Auch so wäre unsere Freundschaft zerbrochen – sie war ein halbes Jahr älter und einen halben Kopf größer als ich. Trotzdem, das Mädchen, das einem das Schleifebinden beigebracht hat, vergisst man sein Leben lang nicht. Vielleicht liest sie meine Zeilen und erinnert sich?

In der Nummer 10 war auch der Laden von Frau Vick, sie hatte ihren Mann im Krieg verloren und war mit meinen Großeltern befreundet. Überhaupt waren alle Handwerker und Gewerbetreibenden miteinander befreundet. „Das Geld bleibt in der Straße.“, war ein Spruch meines Großvaters gewesen. Der kleine Tante-Emma-Laden hatte ein einmaliges Fluidum. Hier gab es das Schaumgebäck, das so fürchterlich süß schmeckte, für zwei! Pfennige. Zwei, drei der gepressten Torten oder Weintraubenformen und man war süßigkeitensatt für die nächsten zwei Tage. Von den zähen Gummikosmonauten konnte man schon mehr ab. Hier kaufte ich mir auch die harten Lakritzstangen, die man sich quer in den Mund schob und weich kaute, auch wenn man sich dabei die ersten Plomben zog. Ich war süchtig nach den Dingern. Sie verschwanden wie so einiges in meiner späten Kindheit. Bei Frau Vick hatte ich den „Sohn vom Milchmann-Bonus“, wenn ich dann mit einer Tüte Negerküsse (Tut mir leid, aber so hießen die nun mal damals.) stolz davonzog. Einmal noch diesen kleinen Laden erleben, mit seinen Bonbondosen, der alten Waage und den Düften! Er machte zu, wie so viele Mitte der 1970er Jahre. Für Frau Vick war ich noch lange der Sohn vom Milchmann. Später war sie fast nur noch auf ihrem Rad zu sehen. Sie litt unter Schwindel, den sie auf dem Rad austrickste. Einmal gelang es ihr nicht. Zufällig war ein Auto neben ihr. Ich hoffe, sie hat nicht viel gespürt.

Es gab viele alte Damen, die ihren Mann verloren hatten. In der Nummer 12 wohnte Frau Ebecke. Sie lebte alleine mit ihrem Dackel Dixi, der den ganzen Tag aus dem Fenster guckte, die Pfoten auf das Zinkblech des Fensters gestützt, begrüßte er jeden Vorbeigehenden mit einem kurzen Bellen. Bei Frau Ebbecke war ich öfter, sie verwöhnte mich an Enkel statt. Gerne saß ich in dem Wohnzimmer mit den großen dunklen Möbeln und den vielen Büchern. Überall standen Nippes von den Reisen, die sie mit ihrem Mann vor dem Krieg gemacht hatte. Doch ich wurde manisch von einem dunklen Stück Metall, das auf dem Fernseher stand, angezogen: Eine

Handgranate, mit Abzugsbügel und Ring. Sie erzählte mir immer wieder, dass ihr Mann von dem Ding während des ersten Weltkrieges getroffen worden war. Und mit meiner kindlichen Naivität sah ich das Ding über die Gräben fliegen und mit blechernem Knall auf seinen Stahlhelm schlagen. Würden doch so die Handgranaten funktionieren! Wie viel Männer hätten die letzten beiden großen Kriege überlebt!

Zurück zu den Düften! Sie spielten eine große Rolle in unserem Kinderdasein. Der Geruch des Bohners im Treppenhaus, unvergesslich! Der Geruch der warmen Dachpappe, wenn wir uns beim Versteckspiel auf den Dachboden des Hinterhauses zurückzogen. Wenn im Sommer Schreinermeister Eggenstein die gerade angefertigten Paletten zur Abholung vor seine Haustür karrte, duftete es nach frischem Kiefernholz. Der König der Düfte war Bäckermeister Dierschke. Wir Kinder kamen fast um, wenn wir uns morgens vor dem Kellerfenster der Backstube trafen, um gemeinsam zur Schule zu gehen. Auch dieser Gral des Duftes verschwand in der Mitte der 1970er Jahre. Der Bäcker war zu alt für seinen Laden, ein neuer Besitzer fand sich nicht. Seine Salzbrötchen sind unvergessen.

Für einen kurzen Moment duftete es auch einmal nach Asphalt in unserer Straße, das war in dem Jahr, als der Generalsekretär und Staatsratsvorsitzende, ach seine Titel waren so lang, unsere Stadt mit seiner Anwesenheit beehrte und vielleicht die Wittenburger Straße hätte passieren können. Minister Potemkin sorgte dafür, dass die tiefsten Schlaglöcher an der Einmündung zur Hauptstraße geschlossen wurden. Des Generalsekretärs Blick könnte auf diese fallen. Ob er bei uns vorbeifuhr, entzieht sich meiner Erinnerung.

Eine Sehenswürdigkeit war der Paketbehälterstand in der neuen Müllerstraße. Ort für Mythen und Sagen, denn in ihnen lagerten auch die heiß begehrten Westpakete. Eine Sage berichtet, dass eine Schülerbande in einer Vorweihnachtszeit Jagd auf die Paradiesschlüssel in den Briefkästen unserer Straße machte und die Paketkästen leerte. So manches Auge wird tränenreich gewesen sein. Eine andere, dass ein kleiner Junge mehrere Stunden eingesperrt in einem der Kästen hockte und brüllte.

Später, als wir die Jugendweihe erhalten hatten, zog es uns magisch an das Ende der Müllerstraße. Hier führte ein Tunnel in das Häuserkarree, das durch Müllerstraße, Lortzingstraße, Hans-Kahle-Straße (jetzt wieder Sandstraße) und von-Thünen-Straße gebildet wurde.

Ein kleiner Ausflug in die Lortzingstraße: Dort an der Ecke zum Innenhof wohnten zwei schöne Schwestern mit einem wachsamen Vater, vor deren Fenster wir einige Minnegesänge veranstalteten. Der Tunnel war unser Treff. Hier wurde mit den Mopeds vor den Mädchen gebalzt. (Ich hatte nie eins, balzte aber trotzdem.) Hier dröhnte Musik: Sweet, Slade, die Beatles, der ganze Glamrock.

Die Tunnelwände dienten als Mitteilungsfläche: „Ritze ist doof!" Er muss ein sanftmütiger Mensch sein, denn diese Inschrift prangt noch Jahrzehnte später. Mein Freund Michi stellte auf dieser Wand eine gewagte medizinische These auf: „Wer die Beatles nicht kennt, ist impotent." Der Spruch gab Jahrzehnte später einer Geschichte ihren Namen. Man kann sie nachlesen. Mehrere Generationen von Beatles-Fans erneuerten diese These. Vor einigen Jahren wurde der Durchgang saniert, die Inschrift verschwand. Jemand mochte die Geschichte nicht, war Fan der Rolling Stones oder erfüllte einfach seinen Auftrag. Was müssen die Anwohner gelitten haben, wenn unter ihnen 20 Jugendliche mit zehn Kassettenrecordern und Mopeds gelärmt haben? An dieser Stelle eine Entschuldigung von mir, stellvertretend für alle Generationen von Tunnelstehern.

Gelärmt wurde auch in der alten Müllerstraße. Für uns war es allerdings kein Lärm. Die beiden Sch.-Brüder aus der Nummer 10 hatten einen unheimlich großen Musikfundus, der an lauen Sommerabenden durch die geöffneten Fenster ihres Zimmers durch die sonst dahin dämmernde Müllerstraße schallte.

So lernte ich den Hardrock von Deep Purple kennen. Ich verstand nicht, warum meine Großmutter sich über den „Lärm" aufregte.

Auch die Müllerstraße trug in den 1980er ihre Alterspuren. Der Putz blätterte von den Häusern, Dachrinnen und Dächer waren undicht, das Pflaster der Gehwege schadhaft. Die Straße verkam, sie stand nicht auf der Liste der Modernisierungen im Taktstraßensystem, hier standen nur die Bauwagen der Handwerker, die die Häuser der Wittenburger Straße mit Farbe und Schrankbädern versahen.

Als ich 1986 mit Frau und Sohn aus der Torwegwohnung meines Elternhauses zog, stank meine Straße. Große, eckige Müllcontainer waren aufgestellt worden! Die Straße war krank, wie so manches in dieser Zeit.

35 Jahre später gibt es sie immer noch. Bin ich in dem Viertel, zieht es mich automatisch in die Nebenstraße. Die alte Dame hat sich aufgepeppt, hat Farbe aufgetragen und sich liften lassen, Holz wurde durch Plastik (Plaste) ersetzt, der Geruch des Braunkohlerauchs, der aus den Schornsteinen stieg, ist verschwunden wie die Antennenmasten auf den Pappdächern, die alten Häuser haben junge Nachbarschaft bekommen. Ihr Kopfsteinpflaster ist geblieben, mit ihm die Teerflicken von damals. Minister Potemkin hat gute Arbeit geleistet. Auch mein Haus hat sich liften lassen. Das Haus ist mir bekannt und doch fremd geworden, denn es hat sich so verändert – seitdem. Der Hof ist nicht mehr der Hof meiner Kindheit, der Schauer ist verschwunden, das Stallgebäude mit der Kükenbuchte abgerissen, der Garten des Nachbarhauses gepflastert, das Haus ist in die Tiefe gegangen. Auch meine Eltern sind schon lange ausgezogen. Warum? Das ist eine andere, nicht so gute Geschichte. Die beiden kleinen Fenster über dem Torweg sind geblieben, dort war unsere erste eigene Wohnung. Deckenhöhe 2,01 Meter, und doch wunderschön, weil eigen, auch wenn man sich den Kopf an den Türrahmen stieß und die Küche mehr hoch als breit war.

Wo sind nur die Gerüche geblieben? … In meiner Erinnerung. Solange ich sie rieche, solange ich die Gestalten dieser Straße vor mir sehe, mich an meine Kindheit und Jugend erinnere, wird diese Nebenstraße für mich eine besondere Straße sein – eben meine Straße.

Mein Elternhaus. Foto um 1913

1986 schrieb ich diese Zeilen:

Sonnabendnachmittag, Sommernachmittag.

Hitze lastet auf den grauen Fassaden, kein Windstoß bringt Kühlung.

An der Ecke ein Getränkeladen, das einzige etwas farbenfrohe Gebäude. Sonst einheitliches, nur von einigen abgeblätterten Fassadenteilen unterbrochenes Grau, und vor der Eingangstür die bunte Schlange der Wartenden.

Ich schiebe über den holprigen Damm, und mein kleiner Sohn kräht vor Vergnügen, während ich mich über das Kopfsteinpflaster quäle.

Jemand von den Ewigdurstigen grüßt mich aus der Schlange. Ich grüße zurück. Wer war das eigentlich?

Auf der rechten Seite stehen Bauwagen. Lange schon, denn Unkraut wuchert bereits. Gebaut wird in dieser Straße nicht. Denn sie ist nur eine von vielen Nebenstraßen, in denen kaum ein Besucher die Kamera zückt.

Doch ich liebe diese Straße.

Vor einem Bauwagen sind Löcher in den Gehweg gerissen. Zwei richtig schmutzige Kinder sind dabei, die Löcher mit Briketts zu pflastern.

Aus technischen Gründen (wegen der Bequemlichkeit) sind die Abfallcontainer seit einigen Wochen am Straßenrand aufgestellt. Nun liegt bei der Hitze um jeden der Behälter ein Dunstkreis, und der Eindruck einer alten sterbenden Straße kommt auf.

Doch ich liebe diese Straße, diese alten Häuser, ärgere mich über ihren Verfall, über die dafür Zuständigen.

Und gehe doch immer wieder gerne durch diese Straße.

Auf der anderen Seite sieht eine alte Frau aus dem Fenster. Ich grüße hinüber, sie stutzt einen Augenblick. Dann erkennt sie mich und Freude liegt auf ihrem Gesicht.

Wir nähern uns unserem Ziel. Meine Schritte werden unwillkürlich schneller. Ich stehe mit meinem Sohn vor einem Haus. Ein graues Haus, wie jedes andere in dieser Straße. Vor der Haustür steht ein altes Auto, ein halbdemontierter „Wartburg". Ich kenne diesen Wagen sehr gut. Der Putz neben der Haustür ist frisch abgeblättert.

Ich schiebe die Kinderkarre in den Torweg, Zwielicht, eine angenehme Kühle und ein wohlbekannter Geruch – nach altem Haus, Bohner, Essen und den Bewohnern – umgibt mich.

Dies ist das Haus meiner Eltern, meiner Kindheit. Ich bin daheim.

Mehr kann ich auch heute nicht sagen.

Mein Vater, Heinrich Dettmann, auf dem Milchhändlerpferd Ollsching im Hof Nr. 13. 1938

Pfingstochse und Hirtenkönig

Pfingstbräuche in Mecklenburg

„De Oss kümmt, de Oss!“ Laute Kinderstimmen schallen durch die enge Straße der mecklenburgischen Kleinstadt, auf der der Pfingstochse von dem Stadthirten, der heute zum „Hirtenkönig“ ernannt wurde, und seinem Hofstaat geführt wird. Schon biegt die Prozession um die Ecke. Der mit Kränzen und Maigrün geschmückte Ochse zögert für einen Moment, als er die Kinderschar sieht. Doch der Hirtenkönig führt ihn souverän, sein „Hofstaat“, aus Hirten- und Handwerkerjungen gebildet, braucht das stattliche Tier nicht von hinten antreiben. Eine Horde Jungen und Mädchen, aber auch Erwachsene, bilden den langen Abschluss des Umzuges. Alle sind ausgelassen, es wird gelacht und gescherzt, Bekannte am Straßenrand werden gegrüßt. Von Straße zu Straße wird der Zug länger, bis er sein Ziel vor der Stadt, auf der eine Tanne gepflanzt wurde, erreicht hat. Hier wird heute die sogenannte „ Häg‘brak“ gefeiert.

Was ist heute von diesem Brauch, der noch bis in die Dreißigerjahre des vergangenen Jahrhunderts in vielen Orten Mecklenburgs gefeiert wurde, geblieben? Lediglich der volksmundliche Vergleich, dass jemand, der sich auftakelt, „geschmückt wie ein Pfingstochse“ durch die Gegend läuft. Pfingsten ist für viele Zeitgenossen lediglich ein verlängertes Wochenende. Der Grund dieses christlichen Festes, das Brauchtum dieser Tage meist vergessen. Dabei war das Fest, besonders für die mecklenburgische Dorfbevölkerung, das ausgelassenste, schönste Fest des Jahres. Die Pfingstfeiern enthielten die meisten Elemente des heidnischen Brauchtums aus der Vorzeit. Mai und Juni, die beiden Monate, in denen der Frühling seine Hochzeit hat, die Saat geht auf, die nächste Generation der Haustiere wird geboren, Monate, die unter dem Zeichen der Fruchtbarkeit und der Sinne stehen, gaben auch dem Pfingstfest seine Ausgelassenheit und Freude.

Schon früh begannen die Vorbereitungen für die Feier des Pfingstfestes. Die oben erwähnte „Häg‘brak“ wurde bereits um die Osterzeit abgesteckt. Die Hütejungen mussten aus Lehm eine Tanzdiele errichten. Diese und die

Bänke und Tische durften nicht aus Holz gefertigt werden. Eine Überlieferung aus heidnischer Zeit, wie Richard Wossidlo vermutete. Es wurde getanzt und gegessen und getrunken. Als Hauptgericht wurde eine „Bierkollschal" (Bierkaltschale) gereicht. Im Westteil des Landes errichtete man auf den Dörfern Pfingstlauben, Teil dieser waren sogar in manchen Dörfern eine Kegelbahn und Schaukeln. Die Lauben wurden in der Nacht davor von den Burschen und Mädchen des Dorfes gebaut. Dabei wurde allerlei Schabernack getrieben. So heftete man eingebildeten Mädchen Besen an das Fenster ihrer Stube. Die Pfingstspiele unterschieden sich in den Landesteilen. Im Westteil des Schweriner Landesteiles und im Fürstentum Ratzeburg gab es das Ringreiten, das Katerschlagen oder das Bräutigamgreifen. Das Tonnenschlagen hat sich bis heute auf einigen Heimatfesten erhalten. Im Osten und in Mecklenburg-Strelitz hatte der „Knarrboom", ein um einen starken Mittelpfahl gebautes Lattengerüst, das als Karussell benutzt wurde, einen zentralen Platz als Belustigung der Dörfler. Wer mitfahren wollte, musste ein rohes Ei hergeben, dessen Inhalt als Schmiermittel für den Bolzen des Karussells genommen wurde.

Der alte Orakelglaube fand bis Anfang des 20. Jahrhunderts seinen Platz im pfingstlichen Brauchtum. In der Feldberger Gegend pflückten die Mädchen am Vorabend des Pfingstfestes sieben Kräuter, aus denen sie einen Kranz flochten, der in der Nacht unter das Kopfkissen gelegt wurde, um von dem künftigen Bräutigam zu träumen. Ob sich die Orakel bewahrheiteten, überliefert Wossidlo nicht in seinen Befragungen.

Natürlich spielte das Vieh in der ländlich geprägten Landschaft Mecklenburgs eine große Rolle, besonders in den Pfingstbräuchen. Nicht nur der Umzug des Pfingstochsen, sondern die Kampfspiele und Umzüge der Hütejungen gehörten zum Pfingstfest. Im Südwesten des Landes „ballerten" die Hütejungen das Fest am Sonnabend mit Peitschenknallen ein. Dabei kam es zu regelrechten Wettkämpfen zwischen den einzelnen Dörfern, bei denen die Peitschenschläge auch schon die Körper der Nachbardorfjungen trafen. Am selben Abend wurde durch einen Wettlauf entschieden, welcher Hütejunge am nächsten Tag beim Umzug der „König" sein würde. Wer am Pfingstmorgen als Letzter seine Herde austrieb, wurde zum „Pfingstkalw" oder „Pingtskarr" gekürt und das ganze Jahr verspottet. Der

Junge musste dann am nächsten Tag beim Umzug durch das Dorf den Bettelspruch der Hütejungen beim Einsammeln der Gaben aufsagen. Dieser Umzug glich einer Karnevalsveranstaltung. Vorneweg der „Daustriker“, dahinter der „König“ unter einem Baldachin, mit mehreren Fantasieorden, dahinter der „Adjutant“, der Mückenstöwer, der die Mücken zu vertreiben hatte, gefolgt von anderen Insektenvertreibern, die sich den Fliegen, Mistkäfern und anderen Insekten widmen mussten. Froschfänger, Bierpröwer und andere „Gewerke“ folgten. Den Abschluss bildete dann der „Pingstkarr“ mit einer Peitschenkrone, der nach dem ganzen Spott auch zum Abschluss des Umzuges in den Dorfteich geworfen wurde. Dass dies unter viel Heiterkeit der Akteure und Zuschauer zelebriert wurde, kann man sich denken.

Und während die Jugend diesen Schabernack, der alte Elemente des Regenzaubers enthielt, durchführte, waren die älteren Bewohner schon mit Pferd und Wagen unterwegs, um sich mit den Nachbarn zu treffen und zu feiern. Vergessen darf man aber nicht, dass neben der Ausgelassenheit der Bräuche auch der christliche Sinn des Pfingstfestes gepflegt wurde. Der morgendliche Pfingstgottesdienst am Sonntag zählte zu den Höhepunkten im Kirchenjahr. Das Kircheninnere war mit Maigrün und Kränzen von den Schulmädchen geschmückt worden; die Kirche bis auf den letzten Platz gefüllt. Richard Wossidlo berichtet in seinen Aufzeichnungen, dass für viele der alten Leute das Pfingstfest das schönste Fest des Jahres gewesen ist. Für uns heute nicht mehr vorstellbar diese große Lebensfreude und Gemeinsamkeit innerhalb der Dorfgemeinschaft …

Pfingstausflug – Grüße aus den 1920er Jahren

Am Anfang herrschte noch Euphorie

Die ersten Kriegstage 1914 in der Residenzstadt Schwerin

Hochsommer im Deutschen Reich. Der Juli 1914 verwöhnt auch die Einwohner in der mecklenburgischen Residenzstadt Schwerin mit blauem Himmel und Sommertemperaturen. Für den 15. Juli werden in Schwerin 31,6 Grad Celsius angezeigt. Eben Kaiserwetter, wie man damals sagte. Doch graue Wolken zeichnen sich am politischen Himmel ab. Am 28. Juni wurden der Thronfolger Österreich-Ungarns, Franz Ferdinand, und seine Frau in Sarajevo ermordet. Die Doppelmonarchie fordert Bestrafung und droht mit Rache. Das kaiserliche Deutschland ist als Bündnispartner gefordert. Diplomaten und Militärs in Europa sind aufgeschreckt. Doch für die Mehrheit der Deutschen ist Sarajevo weit. Mit einem drohenden Krieg rechnen die Mecklenburger Mitte Juli nicht. Man strebt an den Wochenenden in die Gartenlokale, auf der Paulshöhe zu Splitta oder nach Zippendorf, nimmt Kaffee und Kuchen mit zum Reppiner Aussichtsturm oder fährt mit den Dampfern „Großherzog Friedrich Franz" oder „Obotrit" auf Kreuzfahrt über den Schweriner See oder nach Kaninchenwerder.

Schwerin ist nicht nur Residenz des Großherzogs und Sitz der Mecklenburg-Schweriner Behörden, sondern auch Garnisonsstandort. Neben dem 89. Grenadierregiment, das seine Kaserne in der Werderstraße hat, ist auch das Feldartillerieregiment Nr. 60 in Schwerin stationiert. Einige Stäbe der Kaiserlichen Armee haben hier ihren Sitz.

Die in Schwerin stationierten Soldaten befanden sich wie in jedem Sommer in der Vorbereitungsphase für die Herbstmanöver. Bataillone des Grenadierregiments waren auf dem großen Exerzierplatz (Großer Dreesch) oder in der Schießanlage Schelfwerder zur Ausbildung. Mehrere Bataillone befanden sich im Lockstedter Lager. Anfang Juli ist ein Teil von ihnen zum Ernteurlaub nach Hause geschickt worden.

Das Feldartillerieregiment befand sich seit dem 27. Juli im Munsterlager zur Schießausbildung. Doch bereits zwei Tage später wurden die Batterien nach Schwerin zurückgerufen. Die Krise auf dem Balkan hatte sich zugespitzt. Serbien hatte das österreichische Ultimatum, das zum Teil unerfüllbare Forderungen an den souveränen Staat enthielt, abgelehnt. Einen Tag später, am 31. Juli, wurde in Deutschland der Zustand der „drohenden Kriegsgefahr" ausgerufen. Am 1. August erfolgte die deutsche Mobilmachung. Ob die Kriegsbegeisterung wirklich ohne Ausnahme alle Teile der Bevölkerung erfasst hat, wie sie in vielen Publikationen, vor allem älteren Datums, dargestellt worden ist, wird inzwischen von vielen Historikern bezweifelt. Ein Schweriner Zeitzeuge berichtet später: *„Die Stimmung bei der Truppe wie bei der Schweriner Bürgerschaft, die mit den, fast nur aus mecklenburgischen Landeskindern bestehenden Regimentern besonders verwachsen war, war vortrefflich. Dem Charakter der Mecklenburger entsprechend zeigte sich das nicht, wie an manchen anderen Orten, in einer lauten Hurra-Stimmung (...)".* Liest man die mecklenburgische Presse dieser Tage, entsteht der Eindruck einer großen vaterländischen Begeisterung, die alle Bevölkerungsschichten durchzogen hat. So berichtete die „Mecklenburgische Zeitung" am 1. August, dass sich seit Tagen eine große Menschenmenge, die Zeitung spricht von Tausenden, vor dem Verlagsgebäude versammelt habe, um die neuesten Nachrichten (Die „MZ" hatte damals eine Morgen- und eine Abendausgabe) zu erfahren. Die Extrablätter wurden den Boten förmlich aus den Händen gerissen. In allen Kreisen der Bevölkerung wurden die Ereignisse diskutiert.

Mit dem 1. August begannen auch für die Schweriner Truppenteile die jahrelang geprobten Abläufe einer Mobilmachung. Mit Hilfe sogenannter Mobilmachungskalender, in denen der minutiöse Ablauf der Mobilmachung für jede einzelne Einheit mit ihren Offizieren festgehalten worden war, wurde die Kriegsbereitschaft der Einheiten hergestellt. Für das Feldartillerieregiment bedeutete dies, dass zu den sechs Batterien, den drei Stäben und zwei leichten Munitionskolonnen zusätzlich fünf Stäbe, fünf Batterien, und zehn Munitionskolonnen aufgestellt werden mussten. Bereits am 2. August wurde die II. leichte Feldhaubitzen Abteilung auf dem Kasernenhof im Beisein des Großherzogs und der Herzöge Johann Albrecht und Adolf Friedrich verabschiedet. Ein Feldgottesdienst fand statt. Anschließend marschierte die Abteilung mit dem Abteilungskommandeur Major von Aigner zum Güterbahnhof. Sie wurde später im Westen gegen Lüttich eingesetzt. Drei Tage später wurden der Regimentsstab und die beiden anderen Abteilungen von Teilen der Schweriner Bevölkerung verabschiedet. Friedrich Franz II. verabschiedete auf dem Güterbahnhof Teile seines Regiments. Weitere Einheiten des Regiments wurden in den nächsten Augustwochen an die Westfront verlegt. Viele der Soldaten und Offiziere hofften auf eine schnelle Heimkehr. Sie sollten sich täuschen.

Ähnlich wie das Artillerieregiment erfolgte auch die Mobilmachung für die 89. Grenadiere. Bereits am Abend des ersten Mobilmachungstages rückten die ersten Einheiten, noch in Friedensstärke, ein. Zuvor war auf dem Infanteriekasernenhof ein Feldgottesdienst im Beisein des Großherzogs durchgeführt worden. Kirchenrat Flörke hatte zu den Grenadieren gesprochen. Am 4. August standen die größten Teile des Regiments mit der Schweriner Artillerie und preußischen Truppen südwestlich von Aachen kriegsbereit.

Feldgottesdienst der 89. Grenadiere am 2. August 1914

Schwerin glich in diesen Tagen einem Hexenkessel. Die in Schwerin liegenden Einheiten wurden auf Kriegsstärke gebracht. Tausende Einberufene trafen auf dem Bahnhof aus den umliegenden Dörfern, aber auch aus

Bremen und Schleswig-Holstein, ein. Zahlreiche Freiwillige, ganze Gymnasialklassen meldeten sich, so die Oberprima des Schweriner Fridericianum und mussten untergebracht werden. Bis zum 10. August trugen sich 800 Freiwillige in die Rollen des Reserveartillerieregimentes Nr. 46 ein. Die Schüler der Oberprima unterwarfen sich einer Kriegsreifeprüfung, um in die Regimenter aufgenommen zu werden.

Bagage, Kriegsgerät wurden geliefert, Proviant gehortet. Schwerin war Standort für Teile des Reserveinfanterieregiments Nr. 90 und des Reserveartillerieregiments Nr. 46. Die Eingezogenen wurden sogenannten Rekrutendepots zugeordnet und ausgebildet. Da die Kasernen, trotz der bereits an die Front verlegten Einheiten, überfüllt waren, kampierten die Einberufenen teilweise in Bürgerquartieren oder wurden auf die umliegenden Dörfer verteilt.

Schweriner Kriegsfreiwillige des Feldartl. Reg. 60 im August 1914

In den ersten Wochen herrschte, nach den ersten Erfolgen der deutschen Armeen, vielfache Begeisterung, besonders bei der Jugend. Die Zahl der Freiwilligen stieg von Tag zu Tag. Viele wurden abgewiesen. Teilweise reichte die Ausrüstung und Bewaffnung für die vielen Freiwilligen nicht. So konnte der Ersatz des Reserveartillerieregiments lediglich an vier veralteten Kanonen, einer neuen Kanone mit kleinem Kaliber und einer leichten Feldhaubitze ausgebildet werden. Da durch die Einberufung der Reservisten große Lücken beim Bergen der Ernte entstanden, wurden die älteren Jungen, ab 15 Jahre, für den freiwilligen Erntedienst aufgerufen. Sie hatten sich in der Kaiser-Wilhelm-Straße zu melden. Noch immer versammelte sich am Pfaffenteich, vor der Redaktion der „Mecklenburgischen Zeitung", besonders an den Abenden, eine Menschenmenge, um die Siegesmeldungen von der Front zu erfahren. Nach dem Fall der Festung Lüttich erscholl Jubel, singend zogen Soldaten und Zivilisten vor das Schloss. Ein erster Umzug zum Schloss hatte bereits am 31. Juli, nach Bekanntwerden der kaiserlichen Rede stattgefunden. Die „MZ" berichtete darüber: *„(...) Es erscholl der Ruf „Zum Schloß", und in schnell sich ordnendem Zuge ging es unter dem Gesang patriotischer Lieder und Hoch- und Hurrarufen durch die Kaiser-Wilhelm- und Schloßstraße, wo man dort stehende Offiziere mit Jubel begrüßte, über den Alten Garten vor das Schloßportal. (...) Se. Königliche Hoheit dankte den Teilnehmern des Zuges, daß sie gekommen seien. (...) Die Menge brach in brausende Hochrufe aus, zog*

Vor dem Verlagsgebäuder der MZ im August 1914. Extrablätter werden verteilt

dann zum Kriegerdenkmal, dann durch die Kaiser-Wilhelm-Straße zur Redaktion zurück, auch nach dem Bahnhof und durch andere Straßen unter dem Gesang patriotischer Lieder.“

Die vaterländische Begeisterung brachte kuriose Blüten zu Tage: So nannte der Besitzer des „Hotel de Russie“ gegenüber dem Bahnhofgebäude sein Etablissement am 7. August in „Reichshof“ um.

Mit Beginn der Mobilmachung griff auch das Kriegsrecht. Ausfuhrbeschränkungen, Beschränkungen im Postverkehr erfolgten. Hamsterkäufe nahmen zu. Bereits am 1. August beklagt die „MZ“, dass die Schweriner Käufer kleine Summen mit Papiergeld bezahlen, um dafür silberne Münzen als Wechselgeld zu erhalten. Es sei unsinnig zu glauben, dass das deutsche Papiergeld an Wert durch die politischen Verhältnisse verliere. Die kommenden Monate zeigten dann allerdings, dass diese Sorge berechtigt war.

Die Angst vor Saboteuren und feindlichen Spionen forderte auch in der Residenzstadt bereits zu Beginn der Mobilmachung ein erstes Opfer. In der Nacht vom 3. zum 4. August wurde in der Nähe der Fokker-Hallen am Schweriner See ein Mann niedergeschossen. Der Posten hatte einen Spion vermutet. Wenige Tage später verstarb der Angeschossene, ohne dass sich der Verdacht bestätigt hatte. In einigen mecklenburgischen Städten gründeten sich Bürgerwehren. Ob dies auch in Schwerin geschehen ist, konnte ich nicht nachweisen.

Nach den Mobilmachungsbestimmungen hatte jede Infanteriedivision ein Landwehrregiment aufzustellen. So stellte die 17. Infanteriedivision (Stab Schwerin) das Landwehr-Infanterie-Regiment Nr. 76 auf. Der Regimentsstab und das erste Bataillon wurden in Schwerin gebildet. Ab dem 4. August rückten die zumeist älteren Jahrgänge zugehörenden Männer in die Grenadier-Kaserne in Schwerin ein und wurde eingekleidet. Nach kurzer Ausbildungszeit wurde das Regiment mit anderen Landwehreinheiten zum Küstenschutz nach Schleswig-Holstein verlegt. Das zweite Bataillon wurde ab dem 11. August aus überwiegend Mecklenburgern und Bremern, das dritte Bataillon ab dem 28. August aus Mecklenburgern gebildet.

Mecklenburgischer Dragoner-Ersatz kommt ins Feld

Die Tage der Mobilmachung waren für die Stäbe, aber auch für die zivilen Stellen eine logistische Herausforderung in noch nie gekannter Größe. Sie wurde auch durch die Unterstützung der Bevölkerung gemeistert. Eine Vielzahl von Vereinen kümmerte sich um die Soldaten und deren Angehörige, später auch um die Hinterbliebenen. Das gerade neu eröffnete Marienkrankenhaus des Marienvereins wurde als Lazarett umgewidmet. In den ersten Tagen der Mobilmachung sammelten sich zahlreiche Schwerinerinnen um Frau Weltzien, um „Liebesgaben", wie Brot, Zigarren und Zigaretten den Einrückenden zu übergeben. Truppentransporte, die auf der Durchfahrt waren, wurden mit Proviant versorgt. Der Marienverein und das Deutsche Rote Kreuz führten Sammlungen durch. Unter dem Protektorat der Großherzogin gründete sich am 11. August 1914 das „Schweriner Hilfswerk", das die Familien der an der Front eingesetzten Soldaten unterstützte. Im Herbst 1914 richtete der Verein eine Volksküche ein, die bis nach dem Krieg tätig war.

Die vaterländische Begeisterung, die in den Augusttagen breite Teile der Bevölkerung Schwerins erfasste, wurde bald vom grauen Kriegsalltag verdrängt. Lebensmittelkarten, Steckrübenwinter, Hunger, Verdun, Gastod – Vokabeln, vor dem Krieg unbekannt, wurden für breite Bevölkerungsschichten geläufige Worte.

Für Volk und Vaterland, so die Titulierung des Todes auf den Schlachtfeldern, starben bis 1918:

- Grenadier-Regiment Nr. 89: 103 Offiziere, 333 Unteroffiziere, 2870 Grenadiere

- Füsilier-Regiment Nr.90: 175 Offiziere, 359 Unteroffiziere, 3174 Füsiliere

- Reserve-Infanterie-Regiment Nr.90: 87 Offiziere, 347 Unteroffiziere, 2629 Füsiliere

- Reserve-Infanterie-Regiment Nr.214: 73 Offiziere, 2612 Unteroffiziere und Mannschaften

- Feld-Artillerie-Regiment Nr.60: 44 Offiziere, 369 Unteroffiziere und Mannschaften

- Jäger-Bataillon Nr.14: 58 Offiziere, 220 Oberjäger, 1889 Jäger

Die Zahl der Mecklenburger, die in anderen, nicht in Mecklenburg aufgestellten Regimentern gefallen sind, ist nicht zu ermitteln.

„Daß bei Friedens-Zeiten keine Wachten in denen Thoren gehalten werden …"

Recht und Ordnung im alten Mecklenburg

Das Mittelalter. Eine rechtlose Zeit meint mancher. Da wurde gehauen und gestochen, wurden Beutel geschnitten (Heute würde man Taschendiebstahl sagen.), geraubt, gemordet und entführt. Unsere mecklenburgischen Sagen berichten von allerlei Raubgesindel, bösem Adel, Lügnern, Halunken unehrlichen Müllern und Landvermessern. Eine rechtlose Zeit? Mitnichten! Natürlich gab es Recht und Ordnung, drakonische Strafen, Richter und Gesetzeshüter. Heute sind die damaligen Gesetze und Regularien lange außer Kraft und durch das Bürgerliche Gesetzbuch abgelöst. Ein langer Weg, er soll kurz verfolgt werden.

Wir begeben uns in das 13. Jahrhundert: Seit Jahrhunderten wird nach dem Recht der Väter geurteilt, sprich, so wie es die Vorfahren gehandhabt haben, so verurteilen und richten die Söhne. Auge um Auge, Zahn um Zahn. Die Strafen sind oft grausam, manchmal kurios. Erstmalig im „Sachsenspiegel", im 13. Jahrhundert, wird schriftlich festgehalten, wie und was bestraft wird im Heiligen Römischen Reich Deutscher Nation. Ab dem 13. Jahrhundert setzt sich die hohe und niedere Gerichtsbarkeit durch. Schwerwiegende Fälle wie Mord, Hochverrat, auch vermeintliche Hexerei werden von einem durch die Obrigkeit eingesetzten Richter, der über Leben oder Tod bestimmt, behandelt. Geringere Vergehen werden durch die Grundherren, meist Ritter, oder in den Städten durch den Magistrat verhandelt. Ab dem 16. Jahrhundert regeln zahlreiche landesherrliche Gesetze und Verordnungen das tägliche Leben in Mecklenburg. Am 2. Juli 1572 wird die „Polizei- und Landes-Ordnung" von den Herzögen Johann Albrecht und Ulrich in Kraft gesetzt. In ihr wird erstmals eine Vielzahl von Regularien erfasst, die das tägliche Leben in den Herzogtümern in geregelte Bahnen bringen sollen. Teile der Verordnung sind aus der „Heiligen Reichsordnung, Anno 1548 zu Augsburg" *auffgerichtet (sic.)* wie es heißt. Scheinbar alles wird hier Recht und Gesetz. Beginnend mit den Strafen für *„Zauberey, Warsagern, Ziegenern, frembden Betlern, Gardenden Landesknechten und Müssiggengern"*, über *„Todtschlag, Ehebruch,*

Unehlicher beywohnung, Coppelerey und Hurerey“ bis hin zur Preisordnung der Schneider, die für einen „*schlechten Frawenrock von Gewand*“ neun Schillinge nehmen dürfen, ist alles geregelt. Hat sich der heutige Leser in die damalige Schreibart und Sprache eingelesen, eröffnen sich ihm teilweise kuriose Gesetzeswelten. Der Platz reicht nicht, um diese Sammlung zu erschließen.

Darum schnell fast 100 Jahre weiter eilen – zur „Herzog Adolph Friedrichs renovirte Gesinde- Tagelöhner- Bauer- Schäfer- Tax- und Victual-Ordnung vom 14. November 1654“.

Der 30-jährige Krieg ist beendet. Die Herzogtümer sind entvölkert, viele Dörfer Wüstungen, die Städte zum Teil zerstört, ohne Wirtschaftskraft, die Sitten lose. Die mecklenburgischen Herzöge kümmern sich, dass alles wieder in geordnete Bahnen gerät und die Landeskinder tugendhaft und sittsam werden. Doch das ist schwierig nach dem großen Krieg. Erweitert und an die damalige Zeit angepasst, ist die Verordnung über Jahrzehnte in Kraft. Der Adel, nach dem 30-jährigen Krieg an politischer Macht gewachsen, bietet den mecklenburgischen Herzögen Paroli. Friedrich Wilhelm erlässt am 16. Juli 1701 eine landesherrliche Resolution, in der er seine Rechte darlegt, das politische und wirtschaftliche Leben in den mecklenburgischen Herzogtümern neu regelt. Das Münzrecht der Städte wird festgeschrieben, die Rolle der fürstlichen Domänen, der Landtage, der Justiz, und, und, und. Das Ganze ist in einem verkrauteten Kanzleideutsch mit lateinischen und französischen Anteilen verfasst, dass sich der Autor fragt, wer damals dieses Konvolut von Anweisungen überhaupt verstanden hat. Das Land kommt auch nach dem großen Krieg nicht zur Ruhe. Es wird Schauplatz des Nordischen Krieges, auch gibt es einen kleinen Bürgerkrieg zwischen Carl Leopold und seinem Bruder Christian Ludwig. Während dieser Zeit wird das mecklenburgische Leben durch mehrere kaiserliche Resolutionen zwischen 1724 und 1733 mehr oder weniger geregelt.

Neben den zahlreichen Verordnungen der Herzöge, die von den Kanzeln verlesen, als Flugblätter angeschlagen oder ausgerufen werden, haben auch viele Städte eigene Polizeirechte.

Hätte Mecklenburg einen Verfassungstag als Feiertag gehabt, es wäre bis 1918 der 18. April gewesen. An diesem Tag im Jahre 1755 schloss Herzog Christian Ludwig II. mit Vertretern der Stände, d.h. der Ritterschaft und der Städte, einen Vergleich, der das Ergebnis der jahrhundertelangen Auseinandersetzungen zwischen den Herzögen und den Landständen darstellte. Damit waren die absolutistischen Machtversuche der Herzöge endgültig gescheitert. 25 Artikel und 530 Paragraphen bildeten, mit einer Unterbrechung 1848/49, in Mecklenburg-Schwerin das Grundgesetz der landständischen Verfassung. Herzog Adolf Friedrich IV. von Mecklenburg-Strelitz ratifizierte das Werk am 11. Juli 1755 für seinen Landesteil. Für beide Herzöge kann man den Erbvergleich als Kapitulationsurkunde gegenüber den Ständen betrachten.

Neben den über viele Jahre geltenden Gesetzessammlungen wurde das tägliche Leben durch schnelllebige Erlasse der Herzöge und späteren Großherzöge geregelt, die damit auf die aktuelle Tagespolitik reagierten. Auch regelten spezielle Verordnungen das Leben am Hofe. So die Reiseordnung vom 10. Juli 1609, die Küchenordnung, in der eine genaue Festlegung der Abläufe, wer was wie machen sollte, festgelegt war. Allgemein bekannt ist die Rangordnung des Herzogs Friedrich Wilhelms von 1704, die 24 Ränge vom Geheimen Ratspräsidenten bis zum letzten Kutscher festschrieb. Die genannten Hofverordnungen sind nur einige von vielen und wirken heute oft lächerlich, doch sind sie für den Historiker wichtige Quellen für das Leben an den mecklenburgischen Höfen bis in die Neuzeit.

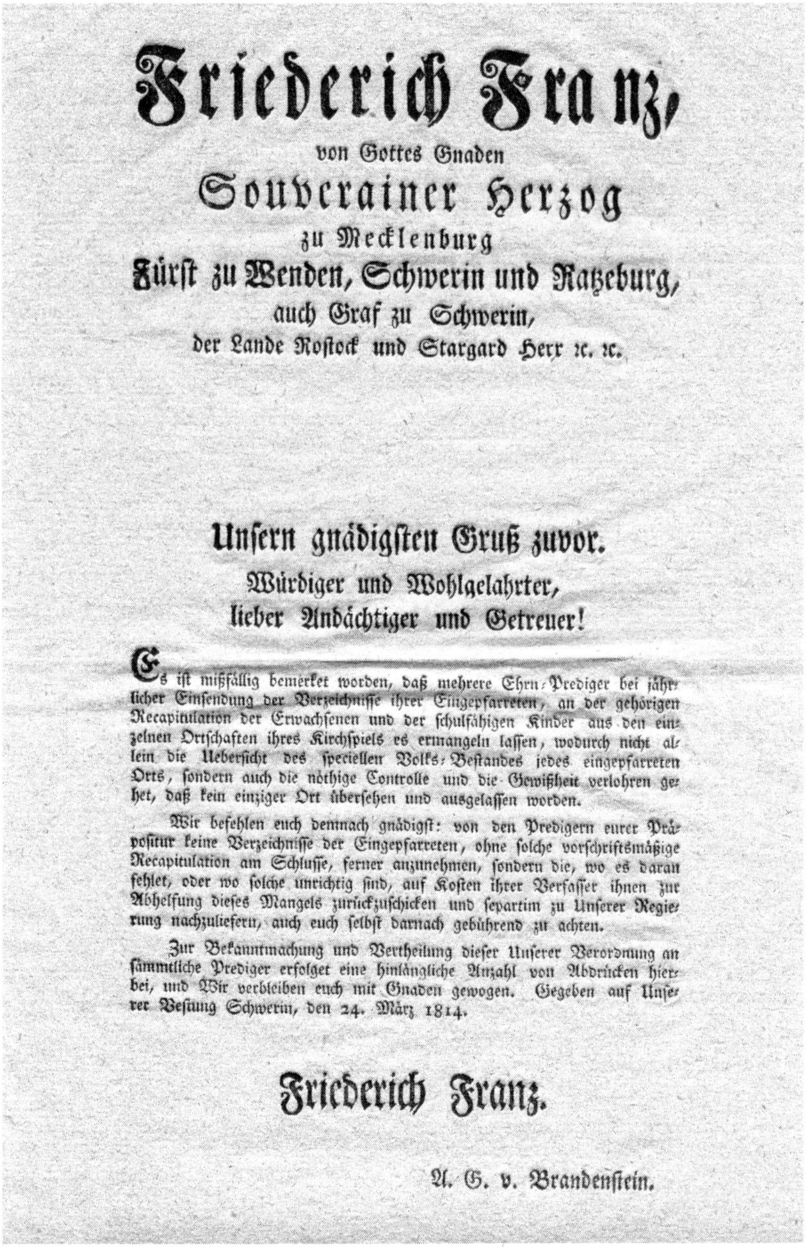

Friederich Franz,

von Gottes Gnaden

Souverainer Herzog

zu Mecklenburg

Fürst zu Wenden, Schwerin und Ratzeburg,

auch Graf zu Schwerin,

der Lande Rostock und Stargard Herr ꝛc. ꝛc.

Unsern gnädigsten Gruß zuvor.

Würdiger und Wohlgelahrter,

lieber Andächtiger und Getreuer!

Es ist mißfällig bemerket worden, daß mehrere Ehrn-Prediger bei jährlicher Einsendung der Verzeichnisse ihrer Eingepfarreten, an der gehörigen Recapitulation der Erwachsenen und der schulfähigen Kinder aus den einzelnen Ortschaften ihres Kirchspiels es ermangeln lassen, wodurch nicht allein die Uebersicht des speciellen Volks-Bestandes jedes eingepfarreten Orts, sondern auch die nöthige Controlle und die Gewißheit verlohren gehet, daß kein einziger Ort übersehen und ausgelassen worden.

Wir befehlen euch demnach gnädigst: von den Predigern eurer Präpositur keine Verzeichnisse der Eingepfarreten, ohne solche vorschriftsmäßige Recapitulation am Schlusse, ferner anzunehmen, sondern die, wo es daran fehlet, oder wo solche unrichtig sind, auf Kosten ihrer Verfasser ihnen zur Abhelfung dieses Mangels zurückzuschicken und separtim zu Unserer Regierung nachzuliefern, auch euch selbst darnach gebührend zu achten.

Zur Bekanntmachung und Vertheilung dieser Unserer Verordnung an sämmtliche Prediger erfolget eine hinlängliche Anzahl von Abdrücken hierbei, und Wir verbleiben euch mit Gnaden gewogen. Gegeben auf Unserer Vestung Schwerin, den 24. März 1814.

Friederich Franz.

A. G. v. Brandenstein.

Dekret von Friedrich Franz I. von 1814

Rückkehr in das Dorf seiner Kindheit

Theodor Schulenburg - vom Küstersohn zum Gymnasialdirektor in Rostock

1912 erschien im Kaufungen-Verlag Rostock ein dünnes Bändchen mit einigen plattdeutschen Erzählungen. Der Autor, Theodor Schulenburg, begibt sich in seinem Büchlein „Ut min Dörp“ in das Dorf seiner Kindheit zurück und breitet vor den Lesern ein Bild seines Geburtsortes um die Mitte des 19.Jahrhunderts aus.

Warum nun diese Sätze über ein Buch, das vor über 100 Jahren erschien und heute nahezu vergessen ist?

Nun, der Autor ist nicht irgendein Dorfschullehrer oder Pastor mit schriftstellerischen Ambitionen. Er war angesehener Bürger der altehrwürdigen Hansestadt Rostock (Als das Buch erschien, war er bereits gestorben.) und wurde – in Alt Meteln, meinem Nachbardorf, geboren. Und dieser Fakt macht den Mann für mich interessant!

Zum Kirchspiel Meteln gehören 1835 784 Erwachsene und 487 Kinder. Das Dorf untersteht der Landesherrschaft, ist also Domanium. Sechs Vollhüfner, sechs Erbzinsgehöfte, einen Forsthof, einen Krug, eine Erbschmiede und 15 Büdner und zwei Schulen verzeichnet der „Großherzoglich MecklenburgischSchwerinscher Staatskalender“ für dieses Jahr.

An der Dorfschule lehrt seit 1830 der Seminarist Friedrich Schulenburg. Gleichzeitig ist er Organist in der Metelner Kirche. Das Amt des Lehrers wird er bis zu seiner Pensionierung Michaelis 1873 innehaben. Friedrich Schulenburg ist ein gebildeter Mann. Der Schulinspektor bescheinigt ihm 1858 ein vornehmes Wesen, das durch den Umgang mit Pastoren und Förstern geprägt worden sein soll. Doch wir greifen vor.

Am 4. September 1831 erblickt Theodor Schulenburg das Licht der Welt. Über seine ersten Lebensjahre gibt es keine Nachrichten. Er hat zwei Brüder und eine Schwester. Einer der Brüder wird wie er Lehrer werden, der andere wird als Kaufmann nach Kalifornien gehen. Seine Schwester heiratet später nach Siggelkow.

Die ersten Schuljahre unterrichtet ihn sein Vater an der hiesigen Dorfschule. In Schwerin macht er 1852 sein Abitur. Theodor Schulenburg will Theologie studieren. Er geht nach Erlangen, studiert anschließend in Rostock. Sein Professor wird der Theologe Michael Baumgarten. Baumgarten, der sich um die Erneuerung und Liberalisierung der mecklenburgischen Landeskirche bemüht, trifft auf großen Widerstand innerhalb des orthodoxen Flügels der Landeskirche. Seine ärgsten Widersacher, Theodor Kliefoth, Otto Krabbe und Adolph Philippi, drängen ihn schließlich 1858 aus dem Lehramt. Schulenburg, von den Reformen Baumgartens überzeugt, hält seinem Professor die Treue, und so wird ihm im selben Jahr die *licentia concionandi* (Zulassung) entzogen. Er muss sein Theologiestudium aufgeben. Schulenburg sieht als Alternative den Beruf des Lehrers für sich. Unter harten Bedingungen bereitet er sich auf das Lehramt vor. Seine Eltern, nicht vermögend, können ihn nicht unterstützen.

Noch 1858 erhält Schulenburg eine Anstellung an der Höheren Töchterschule in Schwerin, einer privaten Einrichtung, die sich im heutigen Schleswig-Holstein-Haus in der Puschkinstraße befand. Die Töchterschule, die unter der Leitung von Friederike Mißfeldt im klassizistischen Flügel des Gebäudes seit 1857 geführt wurde, befand sich in dem Gebäude bis 1873. Da der Religionsunterricht ausschließlich von männlichen Lehrern durchgeführt werden durfte, ist anzunehmen, dass Schulenburg diese Stelle besetzt hatte. Hier bleibt er vier Jahre. Dann geht er nach Rostock, wird dort Privatlehrer. Diese Jahre sind für den jungen Lehrer schwer und entbehrungsreich.

1865 erhält Theodor Schulenburg eine Anstellung an der Großen Stadtschule in Rostock. An diesem Gymnasium, 1580 gegründet, wird Theodor Schulenburg mehr als 25 Jahre unterrichten. Er ist als Lehrer für Latein, Deutsch und Geschichte angestellt. Viele Schüler werden durch ihn für ihr Leben geprägt. Der Lehrer, bei den Schülern beliebt und angesehen, wird 1890 zum Konrektor ernannt.

Schulenburg mit Leib und Seele Pädagoge, beschäftigt sich auch in der Freizeit mit seinem Beruf: seine vierzigseitige Arbeit „Die Gründung und Entwicklung der Realschule zu Rostock“ veröffentlicht er bei Boldt in Rostock 1902. Ein Folgeheft erscheint 1907.

1892 und 1893 bekleidet er das Amt des Direktors an der Großen Stadtschule, dessen Direktor Dr. Karl Ernst Krause am 28. Mai 1892 einem Herzleiden erlegen war. Seinem langjährigen Kollegen widmet Schulenburg einen Nachruf, der bei Adler in Rostock 1893 erscheint. Krause war nicht nur sein Vorgänger, sondern liebte ebenso wie Schulenburg die niederdeutsche Sprache, erforschte sie und war Mitglied mehrerer Rostocker Vereine. Krause war seit 1865 Direktor der Großen Stadtschule Rostock gewesen und hatte das Schulwesen der Hansestadt maßgeblich reformiert. 1894 wechselt Schulenburg auf die Höhere Bürgerschule und ist dort bis zu seiner Pensionierung 1910 Direktor. Am 28. Dezember 1911 stirbt er in Rostock.

Ein Jahr später gibt Cornrad Wilbrandt, ein Freund der Familie, auf Wusch der Witwe den dünnen Band mit den nachgelassenen Erzählungen heraus. Wilbrandt, Schüler der Großen Stadtschule, Gutspächter, von 1882 bis 1886 Redakteur der „Landwirthschaftlichen Annalen des Mecklenburgischen Patriotischen Vereins“, über Jahre Abgeordneter des Reichstages, betätigte sich auch als Schriftsteller.

Ob Schulenburg es wirklich vorgehabt hatte, wie sein Herausgeber im Vorwort mitteilt, seine über Jahrzehnte entstandenen Erzählungen zu veröffentlichen, ist nicht überliefert.

Durch einen Zufall bekam ich diesen dünnen Band vor einigen Jahren in die Hände und war von den Erzählungen begeistert. Schulenburg ist kein „Großschriftsteller“, sondern ein Schilderer. Das macht die vier Erzählungen interessant, denn sie kommen lebensprall und humoristisch daher. Natürlich atmen sie auch den Zeitgeist der wilhelminischen Epoche aus. Man muss sie als heutiger Leser von dieser Sicht aus betrachten. Viele der beschriebenen Orte sind heute noch zu entdecken. Für den heimatinteressierten Leser aus Alt Meteln und Umgebung haben sie so einen doppelten Reiz.

Die Eigenart der Landschaft, der Bauten, der Sprache bewahren

Aus der Geschichte des „Heimatbundes Mecklenburg"

Musterhäuslerei des Heimatbundes Mecklenburg auf der Gewerbeausstellung 1911

Gedränge herrscht am 15. Januar 1906 in den Räumen von „Sterns Hotel" am Pfaffenteich in Schwerin. Unter den Gästen erwartungsvolle Stimmung. Männer, wenige Frauen, alle haben ihre Stellung in der mecklenburgischen Gesellschaft, sind aus allen Teilen des Landes angereist. Unter ihnen viele Adlige, Professoren und Doktoren, Staatsminister Graf Bassewitz-Levetzow, Staatsrat von Pressentin. Man findet sich im großen Saal des Hotels ein, nimmt Platz und wartet auf den Redner. Herzog Johann Albrecht, der Onkel des Großherzogs, ist unter den Anwesenden. Er vertritt den jungen Friedrich Franz IV. Beifall ertönt, als Professor Doktor Geinitz das Podium betritt. Wir sind Zeuge der Gründungsveranstaltung des Heimatbundes Mecklenburg. Wenige Wochen zuvor war ein Aufruf zur Gründung veröffentlicht worden. Die Heimatschutzbewegung, Ende des 19. Jahrhunderts gegen die beginnende Zerstörung der Landschaft und alter Kulturgüter entstanden, fand auch in Mecklenburg Anhänger aus allen bürgerlichen Schichten und viel Beachtung. So zählt der Bund bereits 708 Gründungsmitglieder. Friedrich Franz IV. übernimmt das Protektorat, Johann Albrecht den Ehrenvorsitz. Bereits während der Gründungsversammlung werden fünf Arbeitsgruppen beschlossen, die von bekannten Fachpersönlichkeiten geleitet werden. „Boden und Landschaft" (Professor Dr. Geinitz), „Tier und Pflanzenwelt" (Oberförster von Arnswaldt), „Vorgeschichtliche Denkmäler" (Dr. Beltz), „Kulturdenkmäler der geschichtlichen Zeit" (Oberbaurat Pries) und „Volkskunde, Sprache, Trachten, Sitten und Gebräuche" (Prof. Dr. Wossidlo). Erste Ortsgruppen entstehen, sechs Wochen nach der Gründung zählt der Bund 956 Mitglieder, fünf Jahre später 1724. Der Heimatbund bringt eine Vierteljahresschrift heraus, bietet Musterzeichnungen für Büdnereien, Ansichtskarten und Wandbilder. Unter der Leitung von Geinitz arbeitet eine Kommission, die bereits 1910 30 000 Flurnamen zusammengetragen hat. Es erfolgt über viele Jahre eine Inventarisierung von Bodendenkmalen, Bauten, Pflanzen- und Tierarten, um deren örtlichen Schutz zu gewährleisten. Auf der Gewerbeausstellung 1911 in Schwerin stellt der Heimatbund eine moderne Musterhäuslerei vor. Der Bund kann ein erstes Vogelschutzgebiet, auf dem Langenwerder bei Poel, durchsetzen.

Mit dem Beginn des 1. Weltkrieges gestaltet sich die Arbeit des Heimatbundes schwieriger: Einberufungen, Tod vieler Mitglieder, Teuerung erschweren die Tätigkeit. Die Politiker, bisher den Heimatbund unterstützend, sehen den deutschen Sieg als erstes Ziel. Unter der Leitung von Baurat Pries und Walter Josephi, Leiter des Großherzoglichen Museums in Schwerin, wird eine Glockeninventarisierung, für die lediglich acht Wochen Zeit ist, durchgeführt. Man hat gewisse Mitsprache bei der Auswahl der zum Einschmelzen bestimmten Glocken. Einige können gerettet, viele wertvolle Glocken werden zerstört. Man gibt Hinweise für das Aufstellen von stilvollen Kriegerdenkmalen, die Vereinshefte enthalten Berichte ihrer Mitglieder von der Front. Der Großherzog dankt nach dem verlorenen Krieg ab, seine Unterstützung fehlt bei den Auseinandersetzungen mit den neuen politischen Institutionen. Die Mitgliederzahl schwindet, die galoppierende Inflation lähmt die Arbeit des Bundes. Die Zeitschrift kann nur noch zweimal im Jahr erscheinen. 1923 steht der Heimatbund vor dem

Mecklenburg.

Zeitschrift des Heimatbundes Mecklenburg.

Zweiter Jahrgang.

1907.

Der auf ein Alter von 1500 Jahren geschätzte Eibenbaum zu Mönchhagen.

Mitteilungen des Heimatbundes Mecklenburg von 1907

finanziellen Kollaps und stellt seine Tätigkeit nahezu ein. Die kommenden Jahre des wirtschaftlichen Wachstums lassen auch wieder die Mitgliederzahlen und die finanziellen Mittel wachsen. Das 1925 bei Hinstorff erscheinende „Mecklenburg – Ein Heimatbuch“ ist zum großen Teil durch mecklenburgische Heimatvereine unter der Leitung des Heimatbundes entstanden. Richard Wossidlo kann seine Forschungen und Sammlungen von Volksreimen, Sagen, Gebräuchen mit Unterstützung der Mitglieder und finanziellen Mitteln des Bundes wieder aufnehmen. Die Ergebnisse werden im Hinstorff Verlag veröffentlicht. Unter der Leitung Hermann Teucherts, ebenfalls Mitglied des Heimatbundes, wird am „Atlas der deutschen Volkskunde“ gearbeitet. Zahlreiche Heimatmuseen werden mit Unterstützung des HBM gegründet, so 1931 das Museum in Schönberg. Besonders stark macht sich der Bund für die Errichtung von Vogelschutzgebieten (u.a. Rühner See 1930, Binsenbrink bei Teterow 1931, Nonnenhof 1931).

Mit Beginn des Nationalsozialismus ändert sich auch die Arbeit und Struktur des Heimatbundes. Der Bund, seit seiner Gründung Mitglied im Deutschen Bund Heimatschutz, verliert seine Souveränität. Man kann zwar weiter die eigenen Arbeitsgruppen leiten. Doch die Marschrichtung wird nun zentralistisch vom neugegründeten „Reichsbund Volkstum und Heimat“, in den der Deutsche Bund Heimatschutz überführt wird, vorgegeben. Der Plan, die Landesverbände aufzulösen, wird allerdings fallengelassen. In der von Rudolf Heß am 27. Juli 1933 unterzeichneten Verordnung über die Gründung heißt es: *„(...) Andererseits steht der Bund (...) mit Rat und Tat den Gliederungen* (der NSDAP d.A.) *für die Ausgestaltung nationalsozialistischer Veranstaltungen, Feiern usw. im Sinne deutschen Volkstums zur Verfügung.“* Der Vorsitzende des Heimatbundes Schlüter wird zum „Führer“, der Vorstand zum „Führerrat“, so in der ersten Ausgabe 1934 der Mitteilungen des Heimatbundes Mecklenburg. Die Ähnlichkeit der Forschungsthemen in den ersten Jahren der Diktatur mit denen der Zwanzigerjahre, spiegelt sich in den Mitteilungsheften wider. Doch das ändert sich. Beiträge über Ahnen- und Sippenforschung nehmen zu. Es wird ein Arbeitsausschuss Rassenforschung und Familienkunde gegründet. Ziel ist es, ein Geschlechterbuch für ganz Mecklenburg zu erarbeiten. Von Gauleiter Hildebrand als Schirmherr und der Partei

Mecklenburg

28. Jahrgang

Wismar 1933

25.

Hauptversammlung des Heimatbundes

am 17. und 18. Juni

im Rahmen des Heimattreffens aller Mecklenburger

Mitteilungen des Heimatbundes Mecklenburg von 1933

unterstützt, arbeiten 1939 Mitglieder in zehn Gruppen und Ausschüssen und existieren 20 Ortsgruppen, jetzt „Ortsringe“ bezeichnet. Mit Beginn des Krieges verschlechtern sich die Arbeitsmöglichkeiten des Bundes. 1940 erscheinen noch zwei Hefte, 1941 lediglich eins. Mit der Verschärfung des Krieges stellt der Heimatbund Mecklenburg seine Tätigkeit ein. Viele der Mitglieder werden Opfer des Krieges. Ihr letzter Vorsitzender Ernst Schlüter begeht im Mai 1945 Selbstmord. Nach 1945 ist eine Wiederaufnahme der Tätigkeit, geschuldet durch die neuen politischen Verhältnisse, die eine selbstständige Arbeit der Vereine verbieten, nicht möglich. 1990 wird der Heimatbund Mecklenburg wieder ins Leben gerufen, arbeitet aber nur anderthalb Jahre, da der neugegründete Landesheimatverband Mecklenburg-Vorpommern beide Landesteile vertritt und zahlenmäßig größer ist.

Eine Revolution auf mecklenburgische Art und Weise

Die Novemberrevolution in Schwerin

Der 4. November 1918 ist ein typischer Novembertag. Die Haupt- und Residenzstadt Schwerin wirkt grau und schmutzig an diesem Montag. Dr. Adolf Langfeld, seit 1914 Staatsminister von Mecklenburg-Schwerin, wird in das Schweriner Schloss gerufen. Großherzog Friedrich Franz IV., gerade von einer Grippe genesen, erwartet seinen höchsten Minister.

Der fünfte Kriegswinter naht, Mangelwirtschaft herrscht. Der Steckrübenwinter von 1917/18 wird sich wiederholen, denn die Ernte dieses Jahres ist schlecht ausgefallen. Der Großherzog berichtet seinem Minister von einer Matrosenrevolte in Kiel, ist besorgt, dass sich die Meuterei der Matrosen ausbreiten wird. Doch der Staatsminister beruhigt seinen Dienstherrn. Man beschließt abzuwarten, zu ungenau sind die Berichte, verabredet sich für den nächsten Abend. Inzwischen haben sich die Gerüchte bestätigt, dass die Meuterei die ganze Flotte erfasst hat. Noch hoffen Großherzog und Staatsminister, dass das Militär den Aufstand niederschlagen wird. Doch Dr. Langfeld wird am nächsten Morgen durch Maschinengewehrschüsse geweckt und erfährt, dass revolutionäre Matrosen aus Kiel eingetroffen sind. 180 Landsturmmänner, in der „Seevilla" untergebracht, meist aus dem Rheinland und Berlin stammend, revoltieren, Teile der Garnison haben sich angeschlossen. Man macht Jagd auf Offiziere, marschiert mit Musik durch die Straßen und fordert Frieden. Auf dem Schelfmarkt soll es zu Auseinandersetzungen mit regierungstreuen Soldaten gekommen sein. Langfeld wohnt in der Alexandrinenstraße, muss am Arsenal vorbei, um ins Schloss zu kommen. Das Arsenal ist inzwischen von den meuternden Truppen besetzt. Kaisertreue Truppen sind vor Sterns Hotel in Stellung gegangen, man verhandelt. Gegen Mittag, inzwischen haben sich auch Arbeiter der Fokker-Werke angeschlossen, ziehen die Massen auf den Alten Garten, fordern bessere Arbeitsbedingungen und Versorgung.

Fieberhaft versucht die Regierung eine Verbindung zum Generalkommando nach Altona herzustellen. Doch das ist nicht möglich, inzwischen ist das Post-Telegrafenamt besetzt worden. Jetzt erkennen Großherzog

Staatsminister Langfeld

und Regierung den Ernst der Stunde. Doch trotzdem wird nicht gehandelt, sondern auf Hilfe aus Berlin gehofft. Am Abend des 6. Novembers bildet sich der Arbeiter- und Soldatenrat. Eine der ersten Anweisungen fordert, dass die Ordnung aufrechterhalten werden soll. „*Stört nicht durch unbesonnenes Verhalten den geregelten Dienstbetrieb und die Aufrechterhaltung der Volkswirtschaft.*“ – Revolution nach mecklenburgischer Manier? – Großherzog und Regierung glauben noch an Verständigung und nehmen am nächsten Tag Kontakt zum Arbeiter- und Soldatenrat auf. Die demokratischen mecklenburgischen Reichstagsabgeordneten Dr. Wendorff und Sivkovich werden von Berlin nach Schwerin beordert, um als Vermittler aufzutreten. Der Tag verläuft relativ ruhig.

Im Konzertsaal des Hoftheaters findet eine Beratung der Arbeiter und Soldaten statt. Nun wird der Ton der Deklaration schärfer, zehn Forderungen werden aufgestellt, im letzten Punkt heißt es: „*alle Wege zum Sozialismus und Kommunismus einzuschlagen.*“ Freitag, 8. November: Wieder ist der Alte Garten voller Arbeiter und Soldaten. Ein Gerücht geht um, die Kaiserin sei im Schloss. In der Schloßstraße wird der Staatsminister vom Kaufmann Adolf Krefft gewarnt, dass dies jetzt eine „*richtige Revolution*“ sei. Das Regierungsgebäude ist von Truppen umstellt, Maschinengewehre sind in Stellung gebracht, Arbeiter und Soldaten dichtgedrängt vor dem Regierungsgebäude. Die Regierungsmitglieder sind sich inzwischen klar, dass sie die Forderungen der angekündigten Deputation annehmen müssen. Inzwischen sind auch die beiden Reichstagsabgeordneten eingetroffen. Die Abordnung erscheint. Anführer der Handlungsgehilfe Dethloff mit zwei vor dem Bauch geschnallten Armeepistolen, er übergibt auch die Forderungen: Einführung eines allgemeinen gleichen, unmittelbaren und geheimen Wahlrechts, Annahme eines Einkammersystems durch den neuen Landtag, Durchführung des parlamentarischen Systems. Außerdem soll der Arbeiter- und Soldatenrat die Kontrolle zu allen aus den Ministerien herausgehenden Verfügungen haben. Dr. Langfeld, Vertreter der Gegenseite, versucht Zeit zu gewinnen, bittet um einen mehrstündigen Aufschub der Entscheidung, der ihm genehmigt wird. Dann erscheint der Großherzog. Die Revolutionäre wollen ihn sehen. In der offenen Säulenhalle erklärt er, deren Wünsche zu prüfen und gegebenenfalls zu erfüllen. Er verspricht eine Änderung der Verfassung. Und tatsächlich entspannt sich die Situation. Die Menge verläuft sich. Man sitzt wieder am Verhandlungstisch. Der aus Wien stammende Haller attackiert den Großherzog:

„Herr Herzog! Unterschreiben Sie! Es geht um Ihren Kopf, um Ihr Leben!" Stundenlang verhandeln beide Seiten. Ergebnis ist ein Erlass, der eine neue Verfassung verspricht, in dem mitgeteilt wird, dass alle Minister entlassen und ein neues Ministerium aus Vertretern aller Kreise geschaffen wird. Der Großherzog hofft, die Monarchie zu erhalten. Die Regierung wird entlassen. Noch am selben Abend werden die ersten beiden neuen Minister bestimmt. Dr. Langfeld ist von nun an Privatmann. Er, der sich seit Jahren für eine neue Verfassung eingesetzt hat, gilt für die Revolutionäre als Personifikation des Feindes einer Verfassungsreform. Der neue Ministerpräsident Dr. Wendorff und seine Volksregierung stellen sich am 10. November im Hoftheater dem Volke vor. Und während in Berlin und anderen Städten die Revolution tobt, der Kaiser bereits am 9. November abgedankt hatte, empfängt der Großherzog die neue Volksregierung in seinem Schloss. Eine mecklenburgische Revolution findet ohne Straßenkämpfe statt. Die Aktivisten dieser Tage waren meist Nichtmecklenburger, die hielten sich nämlich zurück, wie Zeitzeugen berichteten. Noch am 12. November erklärt der Arbeiter- und Soldatenrat seinen Willen zur Ordnung und zur freiheitlichen Entwicklung auf allen Gebieten. Gefordert wird aber jetzt die Abschaffung der Monarchie. Friedrich Franz IV., inzwischen letzter noch amtierender Monarch in Deutschland, versucht sein Haus zu retten, bietet an, auf seine Steuerfreiheit zu verzichten, und dass ihm jede dynastische Bestrebung fern liege. Zwei Tage dauert noch die Regierungszeit des Großherzogs im Schatten der „Volksregierung", dann muss er auf Druck der neuen Minister abdanken: *„Auf Beschluss des Ministeriums erkläre ich hierdurch, dass ich für mich und mein Haus auf den großherzoglichen Thron von Mecklenburg-Schwerin verzichte. Ich entbinde zugleich alle Beamten ihres auf mich geleisteten Eides und bitte sie, im Amte zu verbleiben und ihre Dienste der Volksregierung zum Besten für Volk und Vaterland weiterhin zur Verfügung zu stellen."* Jubel schallt nicht durch Mecklenburg. Am 14. November, zuvor hat sich der Ex-Großherzog von seinen Mecklenburgern verabschiedet, verlässt er Schwerin und reist mit der Familie zu seinem Schwager nach Kopenhagen.

Noch einmal zurück zum 8. November: Emil Ludwig, damals bekannter Journalist und Schriftsteller, Augenzeuge dieser Tage: „*Der Fürst, zu Fuß durch die Menge schreitend, erreicht das Regierungsgebäude, ohne einen einzigen Zuruf (…) trennt sich drinnen – 15 Jahre zu spät – von denen, die seinen aufdämmernden Willen zur Verfassung hemmten (…). Versammlung im Theater, Reden der neuen Minister: Andacht und Stille im ganzen Raum, wie am vorherigen Abend beim Lohengrin.*“

Revolution – auf mecklenburgische Art. Ob es während dieser Tage Todesopfer in der Haupt- und Residenzstadt Schwerin zu beklagen gab, konnte der Autor in keiner Quelle finden.

Ankunft in einer neuen Zeit

Von der Abdankung des Großherzogs zum Staatsgrundgesetz von Mecklenburg-Schwerin

November 1918: Die Welt ist aus den Fugen – auch im sonst so beschaulichen Mecklenburg! In der Hauptstadt Schwerin, bis vor wenigen Tagen noch Residenzstadt, wird mecklenburgische Geschichte geschrieben. Großherzog Friedrich Franz IV. hat am 14. November als letzter deutscher Fürst auf seinen Thron verzichtet. Und während die „Mecklenburgische Zeitung" einen wehmütigen Nachruf auf den Landesfürsten veröffentlicht und den Text der Abdankung veröffentlicht, erscheint der Aufruf „*An das mecklenburgische Volk*" der gerade vor fünf Tagen aufgestellten neuen Volksregierung, die noch vor wenigen Tagen vom Landesvater huldvoll empfangen, jetzt fordert, dass „*des Volkes Wille oberstes Gesetz*" sei.

Die Revolution in Mecklenburg: Statt Kanonen – gab es mehr Theaterdonner. Arbeiter aus Sachsen, dem Rheinland, Matrosen aus Kiel sind durch die Straßen gezogen, während die braven Mecklenburger meist vorsichtig hinter den Gardinen lugten, was denn dort auf ihren Straßen los sei.

Erster Aufruf des Schweriner Arbeiter- und Soldatenrates: „*Stört nicht durch unbesonnenes Verhalten den geregelten Dienstbetrieb und die Aufrechterhaltung der Volkswirtschaft.*" Revolution auf mecklenburgische Art – und in Berlin und anderen Großstädten toben Straßenkämpfe zwischen Revolutionären und Regierungstruppen. Die aus Mitgliedern des Arbeiter- und Soldatenrates und Parteien gebildete Landesregierung Mecklenburg-Schwerins ist bestrebt, einen parlamentarischen Übergang vom Ständestaat zur bürgerlich-demokratischen Staatsordnung durchzuführen. Auch wenn es Widerstand von Seiten der USPD gibt, am 28. November gründet sich die Schweriner Ortsgruppe, kommt es zu keiner revolutionären Stimmung in den letzten beiden Monaten des Jahres 1918. **Das** Ereignis für die Mecklenburger in diesen Tagen: Die Abdankung ihres Landesvaters. Das älteste regierende Adelsgeschlecht Europas verlässt den Thron. Nicht nur „Nachrufe" in den bürgerlichen Zeitungen, viele der Mecklenburger trauern.

Nummer 24. Schwerin, Donnerstag, 6. Februar 1919. Preis 10 Pf.

Sozialistische Republik

Amtliches Organ des Arbeiter- und Soldatenrates Schwerin.

Wohin steuert die Reichsregierung?

Wen bekämpft Scheidemann-Ebert-Noske? — Sind sie noch Sozialistenführer? — Was geht in Bremen vor, was in Schwerin?

Täglich und stündlich drängen sich diese Fragen jedem Sozialisten, gleichgültig welcher Tendenz, ob er gemäßigt, mehrfordernd oder radikal ist — zur Beantwortung auf.

Für wessen Interessen tritt die Regierung ein? Gegen wen kämpft sie? Sind solche Männer überhaupt noch Sozialistenführer?

Noske, du hast deine Mission verkannt!

Freiwillige für den Notfall!

Noske, du bist erkannt!

Wir wissen, wohin die Reise gehen soll!

Englische Stimmen für einen sofortigen Friedensschluß.

Franz Mehring †.

Die internationale Sozialistenkonferenz.

Zeitung des Schweriner Arbeiter- und Soldatenrates

Der am 14. November gegründete Zentrale Arbeiter- und Soldatenrat beschließt nach 14 Tagen die Zusammenarbeit mit der neuen Regierung. Die Errichtung der Diktatur des Proletariats wird ad acta gelegt.

Mecklenburg-Strelitz, Friedrich Franz IV. übte nach dem Freitod des letzten Großherzogs die Rolle des Verwesers aus, verweigerte einen Zusammenschluss mit Mecklenburg-Schwerin und bildete eine eigene neue Regierung. In den nächsten Wochen heißt die Devise: „Aufbruch in die neue Zeit!" Mecklenburg-Schwerins Ministerpräsident Wendorff und seine Regierung verstaatlichen die Landesklöster, die Kassen der Stände. Ihr Haus fällt an das Land. Die Stände, bisher Träger der Landespolitik, wurden bereits am 13. November als Körperschaften aufgelöst. Ein Doppelposten vor dem Eingang des Ständehauses in Rostock – Symbol des wichtigen Aktes. Mehr als 500 Jahre Herrschaft sind beendet. Auch Mecklenburg-Strelitz erklärt die Stände für aufgelöst. Die großherzoglichen Wappen fallen an den öffentlichen Gebäuden. Bürgerräte, Volksräte, Bauernräte, Angestelltenräte, Beamtenräte – Jeder organisiert sich, fordert mehr Lohn, gleiche Bezahlung, freie Wahlen, Frauenwahlrecht. Die neue Zeit! Der Widerstand von rechts und links wächst. Im Dezember gründet sich der Deutsche Offiziersbund in Schwerin. Die USPD fordert Neuwahlen des Arbeiter- und Soldatenrates. Am 28. Dezember 1918 finden in Mecklenburg-Schwerin Kommunalwahlen statt. Neben den großen Parteien treten auch der Dorfbund, die Handwerker-Partei und die USPD an. Sie spielen dabei keine großen Rollen.

In der Nacht vom 5. zum 6. Januar 1919 fallen Schüsse am Arsenal. Dr. Barbasch, Justizminister der neuen Regierung, Mitglied der USPD, hat Spartakisten aus Berlin gerufen. Ihnen gelingt es, das Arsenal und das Regierungsgebäude zu besetzen. Der Minister Dethloff und andere Persönlichkeiten werden festgenommen. Doch der Versuch, das Schloss zu besetzen, misslingt. Der Putsch wird niedergeschlagen. Ein Matrose kommt ums Leben. Für den Justizminister bedeutet das das politische Ende.

Am 19. Januar finden die Wahlen zur verfassungsgebenden National-Versammlung statt. Wahlplakate an den Wänden, Flugblätter werben, Anzeigen in den Zeitungen. Am Vortag wirbt die Deutsch-Nationale Volkspartei auf einer ganzen Seite der „Mecklenburgischen Zeitung" für ihren Kandidaten von Graefe. Ganz unten ist noch etwas Platz für Kohlenanzünder- und Pianowerbung. Auch die DDP füllt eine Anzeigenseite. Gute Wochen für die mecklenburgische Presse. Die Schweriner können einen Tag später ihre Stimmen in 21 Wahllokalen abgeben. Dr. Wendorff (DDP) erringt 11 181 Stimmen, gefolgt von dem Sozialdemokraten Starosson und dem Deutschnationalen von Graefe. Insgesamt kommt Wendorff auf 113 555 und Starosson auf 179 131 Stimmen. Nur eine Woche später finden die ersten Landtagswahlen statt. Dr. Hugo Wendorff bestätigt sein Ministerpräsidentenamt. Der verfassungsgebende Landtag tritt im Juni 1919 zusammen und verabschiedet die Landesverfassung. Der Freistaat Mecklenburg-Schwerin ist politisch in der Gegenwart angekommen. Doch die Weimarer Republik wird in den Jahren ihres Bestehens innenpolitisch immer bedroht sein: Kapp-Putsch, blutige Klassenkämpfe, Generalstreiks, Notverordnungen …

Noch ein kurzer Exkurs nach Mecklenburg-Strelitz: Das Machtvakuum nach dem Verzicht des Schweriner Großherzogs auf den Strelitzer Thron wurde in Mecklenburg-Strelitz sofort genutzt. Bereits am 11. November 1918 bildete sich eine Regierung unter Vorsitz von Dr. Peter Stubmann (DDP). Um die Eigenstaatlichkeit zu betonen, fanden bereits am 15. Dezember 1918 die Wahlen zur verfassungsgebenden Versammlung statt, die am 29. Januar 1919 in dritter Lesung die Verfassung, das neue „Landesgrundgesetz", annahm. Der kleinere mecklenburgische Landesteil hatte die besseren Karten als die Schweriner bei seinem Start in den modernen Parlamentarismus. Durch eine rigide Sparpolitik und Börsenspekulationen des Großherzogs Friedrich Wilhelm war das Staatssäckel gut gefüllt. Erst 1934, unter den Nationalsozialisten, wurden beide Mecklenburg zwangsvereint.

Mecklenburgische Zeitung

Schwerin

Nr. 30. Sonnabend, den 18. Januar 1919. — Abendausgabe. 162. Jahrg.

Bürger heraus!

Morgen Sonntag

Wahltag!

An alle
mecklenburgischen Männer und Frauen
über 20 Jahre!

Auf Deine Stimme kommt es an!

Der Wahlbezirk Mecklenburg-Lübeck zählt 1300 Stimmbezirke. Bleibt in jedem Stimmbezirk nur **ein** Wähler der bürgerlichen Listen zurück, dann fehlen diesen **1300** Stimmen, **das kann den Ausschlag geben.**

Es geht nicht anders

Du mußt wählen!

Es ist morgen Ehrenpflicht, sich gegenseitig Hilfe zu leisten (in Krankheitsfällen, im Haushalt, Vertretung im Geschäft), damit jeder seine Stimme tatsächlich abgeben kann.

Ausweise mitnehmen. Rechtzeitig wählen.

Selbst wer um 8 Uhr abends vor dem Wahllokal steht, darf 1 Minute nach 8 Uhr nicht mehr wählen.

Wahlaufruf in der Mecklenburgischen Zeitung vom 18.01.1919

Die Rostocker Stadtpost

Einst belebten Privatpostkuriere das Rostocker Stadtbild

DPD, UPS, Hermes, Nordbrief – die Liste der privaten Versandfirmen, die in der Konkurrenz zur guten alten gelben Post stehen, ist groß – aber kein Geschäftsmodell der Gegenwart. Denn auch am Ende des 19. Jahrhunderts gab es Konkurrenzunternehmen, welche aber bei weitem nicht die Größe der genannten Anbieter hatte.

Am 1. Juni 1896 gründeten die Rostocker Bürger Paul Hilbig und Ludwig Eheleben in der Lange Straße 75 eine Privatpostanstalt, den „Privat-Post-Courier", der sich die Aufgabe stellte, innerhalb Rostocks die Zusendung von Drucksachen, Briefen, Karten und Paketen zu gewährleisten. Paul Hilbig teilte in der „Mecklenburgischen Volkszeitung" dem geehrten Publikum mit, dass am 28. September die Beförderung verschiedener Postsendungen aufgenommen wird. Auch in der „Rostocker Zeitung" wurden Anzeigen geschaltet. Zur selben Zeit gewann man einige Einzelhändler, die Marken des „Courier" zu vertreiben. Bereits am 26. September lief der Betrieb an. Die Schalter in der Langen Straße waren wochentags von 7.30 bis 20.00 Uhr, an Sonn- und Feiertagen von 7.00 bis 9.00 Uhr geöffnet. Die Abholung und Zustellung der Post erfolgte dreimal pro Tag. Man kann nur staunen, wenn man die heutigen Leerzeiten der gelben Post betrachtet. Das Geschäftsmodell bewährte sich, denn nicht nur Privatpersonen nutzten die Dienste, um Briefe und Karten zu versenden, sondern auch viele Geschäftsleute ließen ihre Werbung, Drucksachen oder Warenproben durch den „Courier" verteilen. Allerdings gab es in der Anfangszeit einige kleinere Probleme, für die sich Hilbig per Annoncen entschuldigte.

Die Reichspost war nicht gerade über die Konkurrenz begeistert, erwuchs ihr mit dem „Courier" ein Konkurrenzunternehmen innerhalb Rostocks. Die Oberpostdirektion in Schwerin wurde aufmerksam, wenig später auch die vorgesetzte Behörde in Berlin. Man versuchte sogar die Anbringung der Briefkästen zu verbieten. Doch Hilbig hatte sich vorher eine polizeiliche Genehmigung eingeholt. Der Versuch schlug fehl. Ende 1896 befanden sich 60 der ziegelroten Briefkästen im Stadtgebiet, die von sechs Boten

Die Couriere. Eheleben mit Fahrrad, daneben sitzend Hilbig

geleert wurden. Allerdings waren die Kästen weitaus kleiner als die der Reichspost und durften nur in Haustürnischen angebracht werden. Selbst für kurze Wege wurde der Dienst genutzt. Man verabredete sich per Karte, Telefonanschlüsse waren natürlich für die meisten Rostocker Luxus. 1888 beförderte der „Courier“ 200 000 Briefe und 100 000 Karten. Dazu kamen noch 130 000 Drucksachen und 6 000 Zeitungen. Zeitweise mussten Hilfskräfte eingestellt werden. Ab 1899 nutzten auch die Rostocker Behörden den „Courier“ für den Versand von Rechnungen, Mahnungen und Steuerzetteln. Im März 1899 gründeten sich, so mag man meinen durch den Erfolg des Rostocker Unternehmens, in Güstrow und Schwaan zwei private Postanstalten. Doch weder wurden Postwertzeichen gedruckt und Briefkästen aufgestellt, noch gab es Geschäftsräume. Die OPD Schwerin berichtet am 7. März 1899 nach Berlin: *„(…) die Einrichtung der Anstalten soll vielmehr lediglich den Zweck haben, unter Umgehung (...) der landesherrlichen Verordnung vom 3. Februar den Parteigenossen die in Rostock erscheinende sozialdemokratische Mecklenburgische Volkszeitung auch am Sonntag zuzustellen.“* Beide Gründer der Anstalten waren Mitglieder der SPD. Auch für Wismar ist eine „Zeitungsverteilstelle“ nachweisbar. Es ist anzunehmen, dass auch in weiteren Landstädten private „Postanstalten“ zu diesem Zweck gegründet wurden.

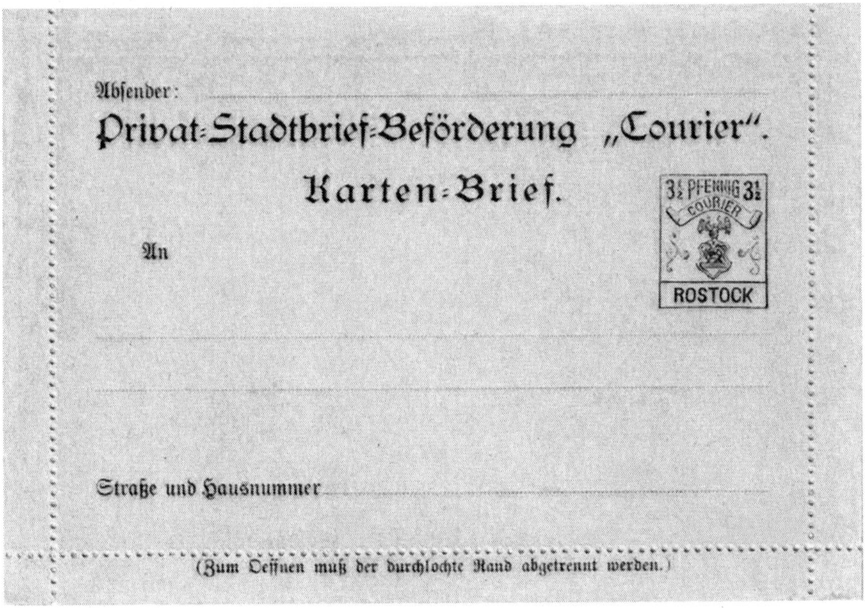

Absender:

Privat-Stadtbrief-Beförderung „Courier“.

Karten-Brief.

3½ PFENNIG 3½ COURIER ROSTOCK

An

Straße und Hausnummer

(Zum Oeffnen muß der durchlochte Rand abgetrennt werden.)

Kartenbrief der Rostocker Privatpost

Nicht nur in Mecklenburg gab es private Postanstalten, die in Konkurrenz zur Reichspost standen. Das konnte der Staat natürlich nicht dulden. Am 20. Dezember 1899 wurde vom Reichstag das „Gesetz betreffend einige Änderungen von Bestimmungen über das Postwesen“ verabschiedet. Damit waren die Tage der privaten Postanstalten in Deutschland gezählt, auch wenn die Betreiber in einer gemeinsamen Eingabe beim Reichstag dagegen protestierten. Ab dem 1. April 1900 mussten die privaten Postanstalten, so auch der Rostocker „Courier“, ihre Tätigkeiten einstellen. Den Betreibern wurde eine Entschädigung in Aussicht gestellt. Hilbig und Eheleben forderten von der OPD Schwerin eine Entschädigung von 55.968 Reichsmark. Die Behörde lehnte diese Summe ab und bot lediglich 29.000 Reichsmark. Dieses Angebot wurde von beiden abgelehnt. Im Juli 1900 einigte man sich auf 32.853,37 Reichsmark. (Bei der Nennung der 37 Pfennige hätte sicher der deutsche Amtsschimmel gewiehert.) Das Inventar des „Courier“ übernahm das Rostocker Postamt und verkaufte die Sachen, die nicht verwendet werden konnten, an Interessenten. So wurden die Briefkästen zum Schrottwert an die „Neptun“-Schiffswerft für 88,50 RM verkauft. Sogar ein Kohlenkasten fand für 16 Pfennige einen Abnehmer. Der Gesamtbestand der Wertmarken ging an einen Berliner Briefmarkenhändler. Die Marken wurden zuvor vom Rostocker Postamt entwertet. Fünf der sechs Boten des „Courier“ fanden eine neue Tätigkeit bei der Reichspost der Seestadt. Der nicht übernommene Bote erhielt eine Entschädigung von 557,43 Reichsmark.

Heute sind die Postbelege des Rostocker „Courier“ begehrte Sammlerobjekte nicht nur für Philatelisten.

Trauergeläut, schwarze Siegel, Halbmast

Die Beisetzung Friedrich Franz II.

„Nach Gottes unerforschlichen Rathschluß ist Seine Königliche Hoheit der allverehrte und allgeliebte Großherzog in Folge einer Lungenentzündung nach 7tägiger Krankheit zur allertiefsten Trauer des durch diesen jähen Verlust so schwer getroffenen Großherzoglichen Hauses und des ganzen eben so hart betroffenen Landes heute um zehn ein halb Uhr Vormittags entschlafen."

So beginnt die offizielle Nachricht, von Graf von Bassewitz im Namen des Großherzoglich mecklenburgischen Staatsministeriums am 15. April 1883 unterzeichnet. Mit dieser Bekanntmachung werden in den nächsten Wochen und Monaten alle gesellschaftlichen Schichten der mecklenburgischen Bevölkerung mit einer Intensität trauern, die man sich heute nach dem Tod einer öffentlichen politischen Person nicht mehr vorstellen kann.

Was war geschehen? Vertraut man den zeitgenössischen Berichten, so war Großherzog Friedrich Franz II. ein sehr beliebter und volkstümlicher Monarch in seinen mecklenburgischen Landen. Es gibt zahlreiche Anekdoten, die dies beschreiben. Dass er regen Anteil am Alltag der Bevölkerung in seinem Land und besonders in Schwerin nahm, ist Tatsache. Dies hatte auch schon sein Vater Paul Friedrich getan, der an den Folgen einer Erkältung, die er sich bei der Koordinierung von Löscharbeiten in der Alexandrinenstraße zugezogen hatte, 1842 verstorben war. Ähnlich sollte es auch seinem Sohn ergehen. Friedrich Franz erkältete sich bei einer Inspektionsfahrt in offener Kutsche, bei Aprilwetter, auf der Fahrt nach Parchim. Obwohl es er sich am darauffolgenden Tag krank fühlte, setzte er seine Inspektionsreise fort und beobachtete am 7. April mehrere Stunden die Löscharbeiten an der „Central-Halle", einem beliebten Schweriner Vergnügungslokal. Die Krankheit nahm einen schnellen Verlauf, hohes Fieber trat auf, dann eine Entzündung der rechten Lunge. Erst jetzt hatte man den Ernst der Lage erkannt und forderte den renommierten Arzt Doktor Winternitz aus Wien an. Der musste nach der ersten Untersuchung am 14. April allerdings feststellen, dass auch die linke Lunge des Kranken ange-

Bildnis von Friedrich Franz II.

griffen war. Der Zustand des Großherzogs verschlimmerte sich von nun an stündlich. Am Abend desselben Tages wurde ihm das Heilige Abendmahl gereicht, er verabschiedete sich von seiner Familie. Seine Frau Marie las ihm seine Lieblingschoräle vor, die der Schlosschor, der herbeigerufen worden war, im Vorzimmer sang. Welch Wagnersche Szene!

Nachdem Friedrich Franz die Prinzenerzieher Wilhelmi und Kliefoth zu sich zitiert hatte, um ihnen das Wohl seiner Söhne an die Herzen zu legen, verlor er das Bewusstsein. Inmitten der Familie, seine Mutter Alexandrine, die Großherzogin und die jüngeren Kinder waren anwesend, verstarb der Großherzog am kommenden Vormittag im Alter von 61 Jahren in seinem 42. Regierungsjahr.

Das Sterbezimmer des Grossherzogs im Schweriner Schloss.

(Nach einem Aquarell von Jenssen, im Besitze Ihrer Königlichen Hoheit der Frau Grossherzogin Marie.)

Sterbezimmer von Friedrich Franz II.

In Windeseile verbreitet sich die Todesnachricht in der Stadt und im Land. In Schwerin und den anderen Städten Mecklenburgs sinken die Flaggen auf Halbmast. In den Kirchen wird für den Großherzog gebetet. Die Glocken der Schlosskirche läuten eine halbe Stunde bis Mittag. Die der anderen Kirchen fallen um zwölf Uhr ein und läuten eine Stunde, dann noch einmal am Nachmittag. Nach dem Bekanntgeben der Todesnachricht schließen sämtliche Geschäfte in der Stadt, auch an zahlreichen Privathäusern weht die mecklenburgische Flagge auf Halbmast. Nun beginnt das strenge höfische Trauerzeremoniell. Noch am selben Tag ergeht der Befehl einer dreimonatigen Trauer für das Land. Genauestens wird die Trauerkleidung der Hofbedienten und des Militärs festgelegt. Es darf nur noch schwarz gesiegelt werden. Um 17 Uhr leisten die mecklenburgischen Truppen ihren Eid auf Friedrich Franz III. der wegen seiner chronischen Krankheit in Mentone in Südfrankreich weilt. Zwei Stunden später findet eine Trauerandacht im Sterbezimmer des Großherzogs statt. „Die hochfürstliche Leiche" ist mit dem Überrock des mecklenburgischen Grenadier-Regiments 89 bekleidet, inmitten einer Pflanzengruppe aufgebahrt, ein Kammerdiener und drei Lakaien halten die Ehrenwache. Am nächsten Tag trifft der deutsche Kaiser Wilhelm I., der Onkel des Toten, in Schwerin ein. Während der Kaiser mit Gefolge in Richtung Schloss fährt, läuten alle Glocken der Stadt. Etwa 10 000 Mecklenburger säumen die Straßen vom Bahnhof zur Schlossbrücke. Der Kaiser bleibt nur kurz in Schwerin, nimmt von seinem Neffen Abschied und reist am selben Tag zurück nach Berlin. Dort wird eine dreiwöchige Trauer für den preußischen Hof angeordnet. Die preußischen Offiziere werden einen Trauerflor tragen, Regimenter, die der Großherzog kommandiert hat, erhalten besondere Traueranordnungen. In der Nacht vom Mittwoch zum Donnerstag wird der Tote in die Schlosskirche überführt. Die gesamte Dienerschaft begleitet ihren ehemaligen Dienstherrn, auch die bereits anwesenden Fürsten. In der Schlosskirche können die Mecklenburger Abschied von ihrem Landesherrn nehmen. Tausende nehmen diese Möglichkeit wahr. Die Schlange der Wartenden zieht sich zweitweise bis zum Palais der Großherzogin-Mutter. In den nächsten Tagen beginnen die Vorbereitungen zur Beisetzung. Große Teile der mecklenburgischen Regimenter werden nach Schwerin verlegt, um bei den Beisetzungsfeierlichkeiten zu paradieren.

Am Ende der Trauerwoche, am 21. April 1883, erfolgt die Beisetzung des Großherzogs – das politische und vaterländische Ereignis dieses Jahrzehnts für Mecklenburg. Bereits am Morgen säumen Tausende den Weg von der Schlosskirche zum Dom, es herrscht gedrückte Stimmung. Um 14 Uhr findet in der Schlosskirche der Trauergottesdienst statt. „*Der deutsche Kronprinz, zahlreiche Botschafter, militärische Deputationen, darunter zahlreiche Generäle, nehmen an der Trauerfeier teil.*" Nach mehreren Reden und Nachrufen formiert sich der Zug. Bei gedämpftem Spiel geht es über den Alten Garten, auf dem Teile des mecklenburgischen Militärs Aufstellung genommen haben. Der Sarg des Großherzogs ist auf einem mit acht Rappen gezogenen Leichenwagen aufgebahrt, hinter ihm wird sein Leibpferd geführt. Abordnungen der Kriegerverbände haben Aufstellung genommen. Vertreter der einberufenen Landstädte nehmen den Sarg vor dem Südportal des Doms entgegen und tragen ihn durch die besetzten Bänke vor dem Altar. Nach dem Ende des Gebetes, gesprochen von Superintendent Bard, wird der Sarg wieder aufgenommen und in die Blutskapelle gebracht. Die Begräbnisliturgie erfolgt. Nachdem die Familie und die hohen Gäste den Dom verlassen haben, erheben sich auch die anderen Trauergäste. Während der gesamten Zeremonie läuten sämtliche Glocken der Stadt und Böllerschüsse ertönen. Friedrich Franz III. weilt am Tag der Beisetzung noch immer in Südfrankreich. In den nächsten Tagen finden zahlreiche Gedenkgottesdienste in Mecklenburg statt. Drei Monate wird die offizielle Trauerzeit in Mecklenburg andauern.

Der Sohn des Verstorbenen kann das Erbe seines Vaters lediglich 14 Jahre weiterführen. Die meisten seiner Regierungsjahre verbringt er krankheitsbedingt in Südfrankreich. Dort wird er 1897 sterben.

Die heilige Blutskapelle im Dom. Im Vordergrund der Sarg von Friedrich Franz II.

Für Gott, Kaiser und Vaterland

„Heldenehrungen" in Granit

Eine große Eiche. Davor ein Findling mit einer Tafel, auf dem Stein ein Adler, im Hintergrund eine alte Dorfkirche. Schon ist man mit dem Auto vorbei und hat das Bild nach Sekunden vergessen. Wer findet schon Zeit zum Verweilen, um die Tafel auf dem Stein zu lesen? Dabei stehen diese Denkmäler in fast jedem Ort Deutschlands. DENKMAL – Erinnerung an die Toten der Kriege. Auch ein Platz zum Nachdenken, Besinnen. Letztes Zeugnis sinnloser Tode, die Gefallenen sind meist in fremder Erde beigesetzt worden oder vermisst, gefallen, nicht, weil sie für Gott, Kaiser und Vaterland starben, wie die Inschrift oft verkündet, sondern Opfer des Nationalismus – im zweiten Weltkrieg des Nationalsozialismus – wurden. Darum finde ich dieses Wort „gefallen" auch falsch. Es verharmlost den Schmerz, die Todesangst der Soldaten, das Leid der Angehörigen.

Ehrenmal in Hohen Viecheln

Auch wenn es eine Vielzahl von Kriegerdenkmälern in Mecklenburg gibt, so ist diese Tradition geschichtlich gesehen nicht alt. Üblich war es nach Ende der Befreiungskriege Epitaphe für die Gefallenen und Veteranen der Kriege in den Kirchen aufzuhängen. Das älteste erhaltene Mahnmal für die Opfer des Befreiungskrieges ist das Landesdenkmal für die gefallenen Mecklenburger, welches von Hermann Willebrand entworfen und anlässlich des 50. Jubiläums des Endes der Befreiungskriege am 12. Juli 1865 in Güstrow enthüllt wurde. Es ist das zweitgrößte gusseiserne Denkmal in Deutschland. Auf dem Monumentenberg, am Rande des Großen Dreesch, befand sich das Denkmal für die Mecklenburger, die bei der Niederschlagung der Badischen Revolutionstruppen ums Leben kamen. Es wurde am 4. Juni 1855 in Gegenwart des preußischen Kronprinzen Wilhelm eingeweiht und nach 1945 entfernt. Die damals gepflanzten Eichen lokalisieren noch heute den Ort. Einzelne Kriegerdenkmäler erinnern noch an den deutsch-französischen Krieg 1870/71, so am Rand von Goldberg und in Schwaan. Das bedeutendste Denkmal ist die am Rand des Alten Garten aufgestellte „Siegessäule", auf der alle während des Krieges 1870/71 um das Leben gekommenen Mecklenburger verzeichnet sind.

Doch die „große" Zeit dieser Art der Denkmalkultur brach nach dem Ende des Ersten Weltkrieges in Deutschland, so auch in Mecklenburg, an. Ehemalige Angehörige der mecklenburgischen Truppenteile, Vereine, in der Mehrzahl aber Gemeinden, gedachten ihrer gefallenen Mitglieder und Bürger. Bereits 1916 hatte der Heimatbund Mecklenburg Hinweise für die Errichtung von Ehrenmalen aufgestellt und vor einer Denkmalsflut gewarnt, die Monumentalität der 1870/71-Denkmäler kritisiert und eine einfache, klare Form der Anlagen, passend in die Landschaft, gefordert. Doch diese Forderungen verhallten vielfach. Für die Steinmetzbetriebe begann eine äußerst lukrative Zeit nach dem verlorenen Krieg. Stein und Beton wurden verwendet. Die Losungen meist uniform, zusammengesetzt aus, „Ruhm", „Ehre", Vaterland" und „Helden".

Es gibt natürlich auch Ausnahmen. Auf die Barlachschen Mahnmale will ich hier nicht eingehen. Trauer und Schmerz, kein Heldentum drücken sie aus, benötigen keine Worte. Architektonisch beeindruckend ist das große Ehrenmal der Stadt Teterow auf dem Heidberg, entworfen von Paul Korff.

1927 wurde das in nur 104 Tagen Bauzeit errichtete Denkmal für die 300 im Krieg Gebliebenen des Teterower Kirchenkreises eingeweiht. Das in Backstein ausgeführte Denkmal zeigt den Knauf eines Schwertes, welches zum Zeichen des Friedens tief in die Erde gerammt ist. Von der Aussichtsplattform des zwanzig Meter hohen Denkmals bietet sich ein herrlicher Blick über die Umgebung Teterows, so dass das Denkmal in den Dreißigerjahren zu den touristischen Attraktionen der Stadt gehörte und der örtliche Kriegerverein dort einen kleinen Verkaufsstand betrieb … Mahnung und Kommerz. Ein ähnliches Motiv zeigt auch das Denkmal in Lübstorf, allerdings in Beton, künstlerisch expressionistisch gestaltet.

Ehrenmal auf dem Heidberg bei Teterow. Aufnahme aus den 1930er Jahren

Die Stadt Rostock weihte bereits 1915 einen Ehrenfriedhof auf dem Neuen Friedhof, der von Wilhelm Schomburg angelegt worden war. Schwerins Stadtbaumeister Paul Ehmig gewann Schomburg ein Jahr später für die Realisierung eines Schweriner Ehrenfriedhofes, der 1917 eingeweiht wurde. Man kann noch heute das Konzept der Einbindung in die Landschaft, offen zum Grimke See, erkennen. Durch Spenden und Eigenmittel der Stadt Schwerin wurde ein Denkmal des Rostocker Bildhauers Walter Rammelt errichtet. 1924, die Anlage war zwei Jahre vorher fertiggestellt worden, beschloss man, die den Friedhof umgebende Mauer auf drei Seiten abzureißen und eine Treppe anzulegen, um den oberen und unteren Teil miteinander zu verbinden. Durch bautechnische Mängel bedingt, musste das Denkmal 1926 abgetragen werden. Andreas Hamann lieferte einen Entwurf, am 4. Oktober 1927 wurde das Denkmal eingeweiht. 1935 erfolgte eine Umgestaltung des Ehrenfriedhofes. Hamanns Mahnmal, er war inzwischen auf Initiative des Gauleiters Hildebrandt in den Ruhestand geschickt worden, wurde entfernt. Im Norden der Anlage wurde nach einem Entwurf des Bildhauers Wilhelm Wandschneider die Plastik eines trauernden Soldaten vor einer Natursteinmauer aufgestellt. Dieses Denkmal, ohne Pathos und Inschrift, hebt sich angenehm von den anderen Denkmälern Wandschneiders im Stil der NS-Zeit aus den Dreißigerjahren ab. Die Anlage hat auch den Denkmalsturm der Nachkriegszeit überstanden. Wandschneider fertigte auch das Denkmal für das Feld-Artillerieregiment 60 (1920 im Schlossgarten) und das Landwehrdenkmal, das sogenanntes „Dolchstoßdenkmal“, weil sich ein sterbender Krieg ein Schwert aus dem Rücken zieht (1923 am Faulen See, auf dem Gelände des heutigen Wirtschaftsministerium). Beide Denkmäler existieren heute nicht mehr. Ebenso stammt der Entwurf des Grenadierstandbildes im Schlossgarten von ihm. Auf dem alten Schelffriedhof stand das Denkmal für die mecklenburgischen Jäger von Ernst Müller-Braunschweig. Auch dieses Denkmal ist nicht mehr erhalten, während der Findling für die gefallenen Männer des Turnvereins Schwerin nach dem Krieg nicht entfernt wurde. Hinzu kommen noch die Denksteine in den eingemeindeten Ortsteilen, wie Mueß oder Lankow. Letzterer ist nicht mehr erhalten. Ein Stein in Friedrichsthal ist Karl Axel von Monroy gewidmet.

Fast genau 20 Jahre nach dem ersten Weltkrieg zogen wieder Männer in den Krieg. Für diese Opfer gab es im Osten Deutschlands bis 1990 keine namentliche Erinnerungsorte, nur selten allgemein gefasste Sätze, wie: „Die Toten mahnen uns.“ Viele von ihnen sind vom Nationalsozialismus überzeugt in den Krieg gezogen, viele von ihnen nur ungern. Die offizielle

Politik der Sowjetischen Besatzungszone, dann der DDR, sah verallgemeinernd diese Menschen als Aggressoren, nicht als Opfer, gedachte nur der Opfer des NS-Regimes. Die meisten Kriegerdenkmäler des Ersten Weltkrieges auf den Dörfern haben 40 Jahre sozialistische Geschichtsschreibung überlebt, allerdings oft nahezu ohne nationalen „Zierrat“. Die Namen auf den Steinen waren Teil der Dorfgemeinschaft, dadurch tabu. Vandalismus hat gerade in der Zeit der Wende Mahnmale geschädigt (z.B. Göhren bei Sukow, Rugensee). Danach wurde auch der ums Leben gekommenen Soldaten des Zweiten Weltkrieges gedacht. So wurde im Ortsteil Mueß ein Gedenkstein aufgestellt.

Es ist wichtig, diese Denkmäler zu schützen, denn sie sind Zeitzeugen und Mahnung zugleich!

Voß und Haas, Bethlehem und Volkskalender – Jahresweiser in Mecklenburg

Kalender als Literatur des kleinen Mannes

In der Mitte des 19. Jahrhunderts, als Druckerzeugnisse durch verbesserte Drucktechnik auch für den kleinen Geldbeutel erschwinglich wurden und der Bildungsstand des Kleinbürgertums, der Handwerker und der beruflichen Arbeiterschicht langsam anstieg, waren Almanache und besonders die sogenannten Volksbücher/-kalender kurzweilige, auch nützliche Lektüre für diese Stände. Auch in Mecklenburg erschien ab den 1820/30er Jahren eine Vielzahl von Kalendern, die ihr Publikum auf dem Lande und in den Städten fanden. Neben der Bibel und dem Gesangbuch wird in den Häuslereien und Katen auch ein Kalender zu finden gewesen sein. Der Beitrag soll einen kleinen Abriss des Kalenderwesens, das seine Blütezeit bis in die ersten 40 Jahre des 20. Jahrhunderts hatte, vermitteln, aber keinen Anspruch der Vollständigkeit geben.

„Mit des Großherzogs von Mecklenburg-Schwerin, Königliche Hoheit Allergnädigstem Special-Privilegio“ verkündet der Großherzoglich Mecklenburg-Schweriner Kalender auf das Jahr Christi 1862, bei Adler´s Erben in Rostock gedruckt, sein Erscheinen. Und Ihre Königliche Hoheit geruht auf dem von ihr privilegierten Kalender eine Steuer von einem halben Schilling zu erheben. Das verkündet das Steuersiegel auf dem Titel. Und nicht nur fürstlich privilegierte Kalender werden in Mecklenburg besteuert. Die Höhe der Steuer richtet sich nach Größe und Umfang.

Dieser Kalender ist nicht der erste, der in Mecklenburg erschienen ist. Doch er ist der Vorfahr des legendären Voß- und Haas-Kalenders, der zwei Jahre später bei Hinstorff in Rostock erscheinen wird. Titel, Gestaltung des Deckblattes, der Inhalt sind dem „privilegierten Kalender von 1862“ sehr ähnlich. Die Monatsblätter sind allerdings illustriert. Eine bunte Mischung schließt sich dem Kalendarium an: Aphorismen, belehrende Kalendergeschichten, „Gemeinnütziges“, so zum Beispiel, wie man Gipsfiguren reinigen soll, Anekdoten und ein Verzeichnis der mecklenburgischen Märkte. 48 Seiten begleiten den Leser durch das Jahr. Der

Jahrgang 1869 ist dann schon reich illustriert. Rätsel und auch eine Kinderseite fehlen nicht.

Der mecklenburgische Voß- und Haas-Kalender entwickelt sich sehr schnell zu „dem" mecklenburgischen Kalender und wird sich nahezu in jedem mecklenburgischen Haushalt und auch darüber hinaus auf manchem Regal befunden haben. Johannes Gillhoff berichtete, dass der Kalender auch in Übersee bei den ehemaligen Mecklenburgern sehr beliebt war. Diese Popularität erreicht er durch seine bunte Mischung der Beiträge, in erster Linie wohl aber durch seine beiden Identifikationsfiguren, eben „Voß und Haas", die zunächst nur auf dem Deckblatt, später immer mehr präsent werden und den Leser durch das Jahr begleiten. Sicher spielen auch die liebevoll gezeichneten Bilder und Monatsvignetten eine Rolle für die Verbreitung des Kalenders. Die Illustrationen der Kinderseite erinnern an die Holzstiche Ludwig Richters und begleiten den Kalender bis zur letzten Ausgabe 1942, schon lange künstlerisch antiquiert, wie aus dem XIX. Jahrhundert wirkend. Der Kalender spricht im Titel beide mecklenburgische Landesteile an. Für den heutigen geschichtsinteressierten Leser sind diese Kalender ein Abbild der damaligen Tagespolitik und Gesellschaft. Vorab: Der Kalender ist deutschnational, konservativ. Seine Losung bis zu seinem Ende: So wie es ist, soll es bleiben. Alles ist richtig und von Gott (ab 1933 vom Führer) gewollt. Und so sind auch Voß und Haas deutsch bis in die Knochen, plaudern aus ihren Kriegserlebnissen 1870/71 (Jahrgang 1896) melden sich als Freiwillige, um gegen die Chinesen während des Boxeraufstandes zu kämpfen (Jahrgang 1902), und berichten aus ihrer Landsturmrekrutenzeit (Jahrgang 1918).

Autoren dieser Zeit sind Otto Heidmüller, Klaus Groth und Ludwig Kreutzer, nach dessen Tod 1902 Wilhelm Schmidt. Persönlichkeiten des mecklenburgischen Herrscherhauses werden vorgestellt, so 1869 die gerade mit Friedrich Franz II. vermählte Marie Caroline Auguste von Schwarzburg-Rudolstadt, oder es wird von Herrscherwechseln der europäischen Häuser oder dem neuen Papst (1904) berichtet. Gesundheitstipps wie Mittel gegen Erkältungen, Maßnahmen im Kampf gegen den Alkohol werden aufgezeigt. Manchmal erinnert der Kalender an die heutige Regenbogenpresse.

Mecklenburgischer
Voß-un Haas-
Kalender
für
1935
Hinstorffsche
Verlagsbuchhandlung
Wismar
Preis 25 Rpf.

Mit dem wachsenden deutschen Nationalismus wird auch der Ton in den Kalenderblättern nationaler. Mit dem Jahrgang 1915 findet der Weltkrieg seinen Weg in den Kalender: Berichte von den Schlachten 1914, Fotos der Befehlshaber und des ermordeten österreichischen Thronfolgerpaares. Die Monatsbilder 1918 zeigen Kampfhandlungen. Zerstörte englische Tanks werden abgebildet, ein deutscher Sturmangriff. Zu Beginn des Ersten Weltkrieges erreicht der Kalender die Auflage von nahezu 100 000 Exemplaren. Bei einem Preis von 15 Pfennigen ein erhebliches finanzielles Standbein für den Hinstorff-Verlag. Auch während der Weimarer Republik ändert der Kalender weder sein politisches noch sein künstlerisches Gesicht. Die Kalendermacher sehen, dass sich Bewährtes verkauft. Der Preis steigt während der Inflation auf 45 Pfennige (1920), der Jahrgang 1923 auf 7,50 Mark. Verschämt lugt die Zahl unter dem Geschwärzten hervor. Der gedruckte Preis wird von der Inflation rasant überholt worden sein. Der Großherzog wird auch noch nach seiner Abdankung als hilfsbereiter Landesvater dargestellt (Jahrgang 1920).

Interessanter wird die Gestaltung der Monatsbilder ab den Zwanzigerjahren: Voß und Haas wechseln sich mit bekannten mecklenburgischen Sehenswürdigkeiten ab. Der Kalender wirkt nun praktischer: Postgebühren, Eisenbahn- und Posttarife, Invalidenversicherungsbeiträge, Autokennzeichen nehmen mehr Platz ein. Auch die Werbung findet Platz. Der Verlag verdient zusätzlich. Man wirbt für mecklenburgische Erzeugnisse, Bücher aus dem Hinstorff-Verlag. Direkten politischen Bezug auf die Weimarer Zeit vermeidet man in dieser Zeit. Politischer wird der Kalender mit Ende der Zwanzigerjahre. Dann, nach der Machtergreifung der Nazis, wird er wie alle Presseorgane gleichgeschaltet. „Deutschlands nationale Erhebung“ mit Bildern von Hindenburg und Hitler (Jahrgang 1934), von der zentralen Maifeier mit Hitler (1935), Hitlers Geburtstag (1937) und die Übergabe der Rügendammbrücke (1938) sind Themen im Kalender. 1935, nach der Vereinigung beider Mecklenburg kommt er uns nur noch mecklenburgisch daher und erhält auch offiziell seinen längst gebräuchlichen Namen „Voß- und Haas-Kalender“. Letztmalig sieht man Voß und Haas 1937 auf den Monatsbildern: Bei der Ernte, beim Schlachten und Feiern. Im Kalender sind sie aber weiter präsent. 1938 erhält der Kalender sein letztes grafisches Gesicht durch Rudolf Gahlbeck. Die Monatsbilder dieses Jahrgangs zeigen Bauten der Nazizeit in Mecklenburg. Mit dem Beginn

Mecklenburgischer
Christlicher
Hauskalender
auf das Jahr Christi
1921
Jesus Christus gestern und heute
und derselbe in Ewigkeit.
Herausgegeben vom Mecklenburgischen Landesverein
für Innere Mission.
Schriftleitung: Pastor Studemund, Schwerin.
Eduard Herbergers Hofbuchdruckerei und Verlagshandlung, Schwerin.
Preis 1,50 Mk.

des Zweiten Weltkrieges berichten die Kalendermacher von den Erfolgen der deutschen Wehrmacht, rühmen den „Feldherrn des großen Krieges". Natürlich sieht man keine Bilder der Zerstörung und des Leidens. 1942 übernehmen Voß und Haas den Luftschutz in ihrem Dorf, denn *„der Engelschmann makt giern sick breit"*. Voß und Haas werden den Krieg nicht überleben. Der Kalender wird 1942, in Folge der erhöhten Kriegsanstrengungen, wie viele Presseerzeugnisse eingestellt. 1947 editiert Wilhelm Ernst im Hinstorff Verlag „Uns´ Kalenner", um die Tradition des Vorkriegskalenders weiterzuführen. Doch die Popularität seines Vorgängers erreichte der Jahresweiser nicht.

Neben dem Hinstorffschen Kalender gab es eine Vielzahl anderer mecklenburgischer Jahresweiser, auch Nachahmer des bekannten Kalenders, die aber nicht die Verbreitung des Voß- und Haas- Kalenders erreichten.

Schon früh brachten christliche Vereine und Trägerschaften Kalender, die, gemäß ihrem Auftrag, der Seelsorge dienen sollten. Eine der ältesten Publikationen ist der Kalender des Stiftes Bethlehem in Ludwigslust, der ab 1858 unter der Bezeichnung „Mecklenburgisches Volksbuch" erschien. Neben dem Kalenderteil finden sich Lebensbildnisse Luthers und anderer christlicher Persönlichkeiten. Natürlich dürfen auch die mecklenburgischen Fürsten nicht fehlen. Christliche Gleichnisse und Bibelzitate sollen den christlichen Leser unbeschadet durch das Jahr führen. Im Laufe der Jahrzehnte wächst der Kalender in Umfang und Stärke. Allerlei Nützlichkeiten wie Postgebühren, Jagd-, Brüte-und Trächtigkeitskalender sind in ihm enthalten. Das Stift mit seinen Einrichtungen wird mehrmals vorgestellt, alles unter dem christlich konservativen Aspekt, der ab 1933 immer mehr von den neuen politischen Verhältnissen überdeckt wird. Dies gipfelt in einem Gebet für den Schutz des „Führers" im Kalenderjahrgang 1938: *„Bitte. Herr, schirme unser deutsches (sic.) Reich! Den Führer schütze auch zugleich und alle unsere Obrigkeit, daß Sie im Frieden und im Streit mit Deiner Kraft das Rechte tu."*

Den Kalender ereilt dasselbe Schicksal wie seinem großen Bruder.

Zu erwähnen ist auch noch der Jahresweiser der Inneren Mission des Mecklenburgischen Landesvereins, der Christliche Hauskalender, der in hoher Auflage unter das Volk gebracht wurde. Speziell für die Landbevölkerung erschien der „Mecklenburgischer Landvolkkalender", herausgegeben vom Mecklenburgischen Landvolkblatt in Rostock.

Eine Sonderstellung hatte der „Mecklenburgische Volkskalender", der seit 1896 in Rostock erschien und in der Regie der Sozialdemokratischen Partei geschrieben wurde. Dieser Kalender war politisch links und dadurch der mecklenburgischen Obrigkeit ein Dorn im Auge. Hier gab es keine Geschichtchen und christliche Erbauungsliteratur, man deckte Missstände auf, agitierte für die Sozialdemokratie und griff die Junker an. Die Herausgeber berichteten über die Arbeit der Reichstagsabgeordneten, untersuchten kritisch Kirche und Religion, diskutierten die mecklenburgische Verfassungsfrage. In seinen besten Zeiten erreichte der Kalender eine Auflage von über 100 000 Exemplaren. Nach dem ersten Weltkrieg richtete sich der Kalender besonders an die Landarbeiter, die produktive Hauptkraft im agrarorientierten Land Mecklenburg. Doch nicht nur sozialdemokratische Agitation, auch die Klassiker wie Heine, Schiller, Goethe fanden in ihm Platz. 1933 wurde der Kalender sofort verboten.

Genannt werden muss auch noch der „Vagel-Grip-Kalender", der älteste mecklenburgische Kalender, seit 1770, zunächst unter dem Titel „Herzoglich Mecklenburg-Schweriner Genealogie-Calender" bei Adler in Rostock, erschienen. 1936 wurde er eingestellt. Auch der Heimatbund Mecklenburg brachte einen eigenen Kalender heraus, dessen Inhalt nach den Statuten des Vereins ausgerichtet war. Ihn konnte ich nur für 1912 ausfindig machen. Die mecklenburgischen Grundstücks- und Hausbesitzer brachten einen Kalender heraus, und, und, und …

Nicht zu vergessen sind die zahlreichen im gesamten deutschsprachigen Raum vertriebenen Kalender, wie der „Daheim-Kalender", „Kürschners Jahrbuch" oder der besonders unter der männlichen Jugend sehr populäre „Deutschen Flottenkalender", die auch in Mecklenburg zahlreiche Interessenten fanden.

Der Leser dieses Beitrags wird sich denken können, dass das Kalenderwesen für Literaturwissenschaftler und Historiker ein dankbares Gebiet ist. Es wartet noch auf seine Erschließung.

Pöppings und Würste am Baum

Weihnachtsbräuche in Mecklenburg

Das Leben auf dem mecklenburgischen Dorf war vor 150 Jahren viel mehr von den Jahreszeiten geprägt als heute. Höhepunkte im bäuerlichen Arbeitsjahr waren Feste wie Ostern, Pfingsten, Erntedankfest und wohl als Höhepunkt das Weihnachtsfest mit seinen vorfestlichen Bräuchen und Traditionen, die zur damaligen Zeit teilweise noch heidnische Züge trugen. Diese waren in der Mitte des 19. Jahrhunderts noch stark ausgeprägt, obwohl es seit der Reformation von der „Obrigkeit" Anordnungen gegen dieses „Heidentum" gab. So gibt es eine Verordnung Herzogs Gustav Adolf von Güstrow von 1682 *„wegen Abschaffung des bishero bei dem Heil. Christ-Fest gebrauchten abgöttischen und ärgerlichen Wesens"*. Sie wendet sich gegen die Vermummung als Christkind, Nikolaus oder Martin in der Adventszeit. Doch große Wirkung hatte sie weder in der Stadt noch auf dem Land, denn der „Rug'Klaas" zog noch zu Beginn der Dreißigerjahre durch die mecklenburgischen Dörfer. Er war nicht die einzige vorweihnachtliche Sagengestalt. Da gab es den „Zägenbuck", das „Kind Jes", den „Knapperdachs" und noch andere Gestalten, meist verkleidete unverheirateten Knechte, die allerlei Spiele aufführten oder mit den jungen Mägden Schabernack trieben. Als Belohnung gab es kleine Geschenke. Mit dem Sinn des Weihnachtsfestes hatten die Spiele nichts gemein. In vielen Dörfern zogen die Gemeindehirten und Wildwächter von Hof zu Hof und bliesen. Als Dank (auch für ihre ganzjährige Arbeit) erhielten sie von der Bauersfrau Gebäck. So die Schweinehirten, die „Hürnstöter", oder wurden zum Essen eingeladen. In Röbel gab es einen feierlichen Umzug der städtischen Hirten am Heiligen Abend. Auf ihren Hörner blasend, zogen die Hirten durch die Straßen, erhielten von den Anwohnern die sogenannten „Kohdaler", Fünfpfennigstücke. Hatte der Umzug die Straße passiert, wurden die Kerzen an den Weihnachtsbäumen von den Bürgern angezündet. Doch die eigentliche Vorweihnachtszeit in den Dörfern begann bereits in den letzten Tagen des Novembers. Bereits um den Buß- und Bettag begingen die Jungen „Waldfrevel", denn es wurden die Weihnachtsbäume in den Gutswäldern für die Familien geschlagen. In den ersten Dezembertagen kam die Semmelfrau in die Dörfer, um Pfeffernüsse und „Has'poppen" anzubieten. Diese waren aus Mehl und Wasser geformte, bunt bemalte und mit Zucker bestreute Teigfiguren. In einigen Gegenden wurden sie auch „Kinjes“ (Kind für Jesuskind) genannt. Kurz vor der Reichsgründung kosteten vier Figuren einen Schilling (etwa sechs Reichspfennige). In den Tagen vor dem Fest erlebten etliche Schweine den „Stich- und Blutsturz“, sprich, das große Schlachten. Ein Teil des Fleisches fand sich auf den Tellern der Bauern über die Feiertage wieder. Tagelöhnerfrauen, deren Familien kein Vieh hatten, versuchten mit geringen Mittel Leckereien herzustellen. So wurden „Bauernklöße“ aus Mehl, Sirup und Zucker angerührt. Um 1900 war es noch üblich, dass am frühen Nachmittag des 24. in der Schulstube des Dorfes eine Weihnachtsfeier stattfand. Diese wurde von den Müttern und Kindern des Dorfes gestaltet, da die Väter zum größten Teil noch arbeiten mussten. In der Regel fiel die Bescherung für die Kinder auf dem Land recht bescheiden aus. Die Kleinen legten am Vorabend des Weihnachtstages ihre Pudelmütze auf das Fensterbrett, in einigen Gegenden wurde auch ein Teller hingestellt. In der Weihnachtsnacht legte der „Kinnjees“ oder „Helechrist“ „Has‘poppen“, „Saffranpöppings“ oder Äpfel ab. In ihnen steckte, je nach Stand der Familie, auch ein Zweischillingstück.

Im Laufe der Zeit gewann allerdings der Heilige Abend eine immer größere Bedeutung als Tag der Bescherung. In etlichen Gutsdörfern fand im Gutshaus vor der familiären Feier eine gemeinsame mit dem Gesinde und der „Herrschaft“ statt. Der Höhepunkt des Heiligen Abend war die familiäre Bescherung, an denen auf den Bauernhöfen auch das Gesinde teilnahm. Selbstverständlich fand in den Kirchen die Heilige Messe statt. Auch das Vieh war Teil des Weihnachtsfestes. Es bekam am Weihnachtsabend eine Extraportion Futter, was zeigt, welchen Stellenwert die Tiere auf dem Dorf hatten. Bis um 1870 spielten die Kinder in der Weihnachtszeit keine große Rolle. Die erzieherische Rolle des Festes entstand erst zum Ende des 19. Jahrhunderts, beginnend in den Städten, durch die wachsende Rolle des Familienlebens und der Kinder innerhalb der Familie. Jetzt kam auch der Weihnachtsmann der, je nach Stand und „Bravheit“ („Seid Ihr denn auch brav gewesen?“) der Kinder, kleine und größere Geschenke verteilte. Das Weihnachtsfest mit seinem Weihnachtsbaum, der um diese Zeit die Wohnzimmer und guten Stuben des Bürgertums, dann der Bauern eroberte, entwickelte sich zum Statussymbol. Es kam nicht selten vor, dass die Bäume in großbäuerlichen Stuben mit Würsten behängt wurden. Mit Beginn des 20 Jahrhunderts begann eine Industrialisierung des Weihnachtsfestes, zunächst in den Städten. Traditionelle Geschenke, wie die „Has'poppen" verschwanden. Geschenke wurden nicht mehr gefertigt, sondern gekauft. Auch wurde das bisher gemeinschaftliche Fest ein familiäres Fest. Die Vielfalt der vorweihnachtlichen Bräuche verschwand bis zur Mitte des 20. Jahrhunderts. Heute hat das Weihnachtsfest zum großen Teil seine eigentliche Bedeutung verloren und ist zu einem „Konsumfest" mit globaler Dekoration verkommen. Allerdings beobachtet der Autor, dass sich immer mehr, auch junge Menschen, auf die eigentlichen Traditionen dieses Festes zurückbesinnen.

1915: Mecklenburger feiern Weihnachten an der Ostfront vor Roweck

Weihnachtsbäume auf der Langen Straße in Rostock um 1955

Rosinenketten für die Zweige

Die Geschichte des Weihnachtsbaumes in Mecklenburg

Wann und wie fand der Weihnachtsbaum seinen Weg in die deutschen Wohnzimmer und wurde das Symbol der Weihnacht, nicht nur in Deutschland? Eine alte Geschichte berichtet: *„Luther ging einmal an einem frosthellen, klaren Winterabend übers Feld und freute sich an der Pracht des funkelnden Sternenhimmels, das ihn an den himmlischen Glanz erinnerte, der in der Weihnachtsnacht die Engel auf dem Felde bei den Hirten verklärte. (…) Als er nun durch einen Wald kam, nahm er (…) ein Tannenbäumchen mit nach Hause, steckte Lichter darauf und schenkte so den Menschen mit dem brennenden Weihnachtsbaum das Bild der Weihnachtsnacht von Bethlehem.*" Eine schöne Geschichte wahrlich. Luther hat uns so vieles gegeben, also auch den Weihnachtsbaum? Doch diese Geschichte ist eine Sage, mehr nicht. Denn es findet sich kein Nachweis dafür. Überhaupt existiert aus dieser Zeit keine Überlieferung für den Weihnachtsbaum. Diesen finden wir erst Jahrzehnte später, und zwar in den Ratsakten der Stadt Schlettstadt im Elsaß. Die Bürger scheinen das Aufstellen von Weihnachtsbäumen sehr gemocht zu haben, denn der Magistrat verbot 1561 das Schlagen von mehr als einem Baum pro Familie und er durfte auch nicht höher als acht Fuß (etwa 2,50 Meter) sein. Doch verbreitet hat sich dieser Brauch erst im 18. Jahrhundert, denn es finden sich keine weiteren Aufzeichnungen aus dem 16. Jahrhundert. Erst 1737 wurde von einer Frau in der Umgebung von Zittau berichtet, die einen Baum aufgestellt haben soll. Goethe lernte den Lichterbaum 1767 in Leipzig kennen. Er muss davon beeindruckt gewesen sein, denn im „Werther" findet ein Weihnachtsbaum Erwähnung. Zu dieser Zeit hatte der Baum schon in weiten Teilen Mitteldeutschlands seinen Platz in den Stuben der Städter erobert.

In Mecklenburg wird 1772 von einem mit Rosinenketten und Lichtern, den der Organist Gesenius in Grevesmühlen aufgestellt hat, berichtet. Doch Verbreitung fand der Weihnachtsbaum in Mecklenburg erst um 1850, zunächst in den Städten, dann auch auf dem Lande. Pastoren, Großgrundbesitzer und Großbauern werden die ersten gewesen sein, die einen Baum besaßen. Zunächst wurden wie auch in Preußen Kiefern, später dann Fichten, für höhere Stände auch extra gezogene Edeltannen aufgestellt. Bis etwa 1870 verwendete man sogenannte „Släpketten", aus Schlachtfett oder Bienenwachs auf Flachs gedrehte Lichter, die an den Ästen herunterhingen, dann Klemmlichter. Wohlhabende Bauern schmückten ihre Bäume oft mit Würsten, Rosinenketten und Feigen, ärmere Schichten mit den oft selbstangefertigten „Has´poppen" (einfache Teigfiguren) und Äpfeln. Die Spitze des Baumes wurde mit Teigfiguren, wie Adam und Eva oder eine Fahne, geschmückt. Oft brannte auch nur eine Kerze am Baum

Gegen Ende des 19. Jahrhunderts begann die industrielle Vermarktung des Weihnachtsfestes. Geblasene Weihnachtsbaumkugeln, Glocken, Tiere konnten bereits per Katalog bestellt werden und schmückten nun den Weihnachtsbaum. Konfekt wurde an die Zweige gehängt. Papierengel, sogar Figuren mit Spieluhren wurden verwendet. Auch hier begann diese Mode in den bürgerlichen Kreisen, bevor sie sich auf dem Lande durchsetzte und den traditionellen, individuellen Weihnachtsbaumschmuck verdrängte. Der christliche Weihnachtsbaum mutierte 1914 in vielen Haushalten, auch in Mecklenburg, zu einem politischen Botschafter, hingen doch nun an seinen Zweigen Luftschiffe, „Lüttich-Granaten" und Weihnachtsbaumkugeln mit Portraits von Hindenburg und dem deutschen Kaiser oder Eiserne Kreuze. Diese verschwanden natürlich schnell nach dem verlorenen Weltkrieg. Eine politische „Renaissance" gab es dann leider auch noch einmal in den Dreißigerjahren. Da gab es Hakenkreuze auf den Kugeln und einen mundgeblasenen Adolf-Hitler-Kopf! Weihnachtsbaumbausätze wurden als Liebesgaben an die mecklenburgischen Soldaten während des 1. Weltkrieges an die Front verschickt. Obwohl es in den USA bereits ab 1900 elektrische Weihnachtsbaumbeleuchtung gab, setzte sich diese in Deutschland erst seit der Mitte der Zwanzigerjahre langsam durch. Mit der Aufsiedlung der Güter in den Zwanziger- und Dreißigerjahren und durch die Flüchtlingsströme nach dem 2. Weltkrieg kamen weitere nichtmecklenburgische Bräuche beim Schmücken der Bäume hinzu.

Erwähnt werden muss noch, dass der Brauch des Weihnachtsbaumes von Deutschland aus nach Skandinavien getragen wurde. Viele deutsche Siedler stellten den Weihnachtsbaum in ihrer neuen Heimat in Übersee auf.

Heute hat er in vielen Teilen der Welt seinen Platz gefunden. Oft ist der Kauf und das Schlagen des Baumes ein familiäres Erlebnis, das Aufstellen gehört zum weihnachtlichen Familienritual. Kugeln und Glocken werden seit Generationen vererbt. Und egal, ob ein nach Nadelwald duftender Baum, der traditionell mit Gebäck, Konfekt und Äpfeln geschmückt ist, ein mit Lametta und Weihnachtsbaumkugeln und Glocken überreich behängter Baum oder eine Plastiktanne, deren Äste sich unter der Last des nach amerikanischen Vorbild ausgesuchten Schmuckes biegt, in der Stube steht – ohne Weihnachtsbaum ist wohl kein Weihnachtsfest bei uns denkbar.

Pathos, Schmalz und Langeweile

Ein Jubelalmanach zum 50. Regierungsjubiläum Friedrich Franz I.

Am 24. April 1835 beging Großherzog Friedrich Franz I. von Mecklenburg-Schwerin sein 50-jähriges Regierungsjubiläum. Land auf, Land ab schallt der Jubel des mecklenburgischen Volkes, wenn man den damaligen wenigen Gazetten Glauben schenken kann. Personen, ob von hoher oder niederer Geburt, überschlagen sich mit Huldigungen und Präsenten; Städte, Gilden, Militär, gebildete und weniger gebildete Kreise loben den greisen Herrscher. Der Verlag von H. Schmidt & v. Coßel´s Ratsbuchhandlung in Wismar reiht sich in den Chor ein und stellt sich die große Aufgabe, einen Jubelalmanach anlässlich des Jubiläums des hohen Fürsten herauszubringen. Er soll von mecklenburgischen Literaten und Künstlern gestaltet werden, sozusagen ein „patriotisch, literarisches Fest-Denkmal" für den Jubilar darstellen. Das Ziel ist hoch, das Interesse groß, wie die Subskribentenliste zeigt. Hier scheint im Vorfeld ein Werbefeldzug stattgefunden zu haben, denn über 550 Subskribenten zeigen Ihr Interesse oder ihre vaterländische Pflicht, ein oder mehrere Bücher zu erwerben. Die Liste ist ein „who is who" der damaligen Gesellschaft, beginnend mit Seiner Majestät des Kaisers von Österreichs (und drei Majestäten folgen), 17 Königlichen Hoheiten, etlichen Durchlauchten, Amtshauptmännern, Kammeringenieuren, Regierungs-, Kanzleiräten, Sekretären, Pastoren, Apothekern … endend mit Herrn Zarneckow zu Hornstorf – ohne Titel. Dementsprechend sind auch die Ausstattungen des Büchleins, die von ordentlicher Ausführung, auf dünnem Papier mit Pappband, ohne Abbildungen, über Maroqueinband mit mecklenburgischen Wappen bis zu einem prachtvollen Seidenmoiré für hohe und höchste Herrschaften auf schwerem Papier mit Goldschnitt sind. Im Inneren befinden sich Portraits des Jubilars Friedrich Franz, des Erbgroßherzogs Paul Friedrich und seiner Frau Alexandrine, gestochen von dem in Schwerin ansässigen Maler und Bildhauer Louis Fischer (eigentlich Fr. Poisson, geb... in Paris). Die zwei Ansichten von Schwerin und Bad Doberan wurden von Friedrich Karl Schnelle, einem Schweriner Maler, der zu den ersten Daguerreotypisten Deutschlands gehörte, gefertigt.

Jubelalmanach zum 50. Regierungsjubiläum Friedrich Franz I.

Kurz zum Inhalt: Wie kann es anders sein? Am Anfang des Buches muss dem Jubilar Friedrich Franz ein Toast ausgesprochen werden:

„Wenn heut, in Megapoliens Bereiche,
Die reinste Freude jede Brust bewegt,
Und jedes Herz, daß auch der Dank ihr gleiche,
In treuer Liebe für den Herrscher schlägt:"

Im Pathos der Biedermeierzeit wird dem Großherzog gehuldigt. Es schließt sich ein Diskurs über die historische Bedeutung des 50jährigen Regierungsjubiläums des Großherzogs von Heinrich Franke, Pädagoge an der Großen Stadtschule Wismar, an. Und damit enden zunächst die auf das Jubiläum bezugnehmenden Texte. Ein Gedicht um Kaiser Carl (Der Autor bleibt ungenannt.), drei Werke von Friedrich Wilhelm Rogge (immerhin mecklenburgischer Prinzenerzieher), ein arabisches Fragment (der Bezug zum Regierungsjubiläum des Landesfürsten wird sich keinem der Leser erschlossen haben) folgen. Den Abschluss bildet eine Novelle von Amalia Schoppe, deren Inhalt nichts mit dem Jubilar oder Mecklenburg zu tun hat.

Heute kann man nicht mehr ergründen was das Lesepublikum, ob erlaucht oder nur des Lesens kundig, beim Studium der über 250 Seiten empfunden hat. Die Begeisterung wird sich nach dem Betrachten des Einbandes und der Kupferstiche schnell gelegt haben. In der „Außerordentlichen Beilage" zur 900. Ausgabe des Freimüthigen Abendblattes vom 1. April 1836 findet sich eine ausführliche Rezension, in der bereits in der Einführung alles gesagt wird: *„(...) Aber ungemischt wird unser Urtheil über dieses Werk sein: es wird nur Tadel, lauten, nachdrücklichen Tadel enthalten."*

Auf den folgenden Seiten analysiert der Rezensent „-ch" das Buch vom Toast auf den Landesvater: *„(...) eröffnet von Theodor W. von Sydow, Hamburg (...); wir sind aber keineswegs gemeint, demselben für den äußerst geringen Preis seiner ‚dichterischen Begrüßungen' des 10. Decembers ohne Weiteres das mecklenburgische Indigenat und Bürgerrecht zu erkennen."* bis zum bitteren Ende: *„Der Beschluß der prosaischen Gaben und des ganzen Werkes bildet die ‚Susanna' von Amalia Schoppe; eine ungebührlich lang* *aufgesponnene und langweilige Geschichte, deren ganzes Interesse, deren eigentliche Pointe in einer Notzucht liegt, was in der That ein äußerst passendes Thema für eine schriftstellernde Dame ist!!"* Und überhaupt: *„der unsrige (gemeint ist der Jubelalmanach d.A.) steht also auch in dieser Hinsicht auf gleicher Stufe mit den gewöhnlichen belletristischen Taschenbüchern, in denen die bunteste Mischung der Stoffe, der Zeiten und der Localfarben uns zu begegnen pflegt."* Die Hauptkritik, dass die meisten Autoren des mecklenburgischen Jubelalmanachs keine Landeskinder sind, gipfelt in der berechtigten Feststellung, dass das Werk nicht in Mecklenburg, sondern bei Vieweg und Sohn in Braunschweig gedruckt wurde. Gelobt werden die Kupfer und die Ausstattung der wohlfeinen Ausgaben. Die Rezension ist übrigens in einem exzellenten, kurzweiligen, auch heute gut zu lesenden Stil geschrieben worden.

Verriss hin und her. Heute wird die Rezension den bibliophilen Sammler nicht interessieren, zählen die beiden wohlfeilen Ausgaben doch zu den seltensten Mecklenburgica auf dem antiquarischen Büchermarkt. Vor einigen Jahren wurden die Leder- und Seidenausgabe für jeweils knapp 1000 Euro angeboten. Die Höhe des Zuschlags ist mir unbekannt.

Und wir beenden den Abstecher in die Welt der Almanache mit einem weiteren Zitat aus dem Toast auf FF I.:

„Wohlan! So laßt dieses Wort uns ihm verweben,
Laßt es uns ihm im Jubeltoaste weihn:
Noch lange möge Friedrich Franzens Leben Hort der Gerechtigkeit,
dem Lande sein!!!"

Zwei Jahre später wird der hochgeborene umjubelte Jubilar im Alter von 81 dahingehen.

Inhaltsverzeichnis

Lutz Dettmann

Geboren am 31.03.1961 in Crivitz, schulische und berufliche Ausbildung in Schwerin, verheiratet, zwei Kinder, wohnhaft seit 1997 in Rugensee bei Schwerin, seit 1991 in der Hans-Fallada-Gesellschaft, Vorstandsmitglied und Redakteur der Vereinszeitschrift der Gesellschaft seit 2000, zahlreiche Veröffentlichungen in Prosa, zur Literatur- und Zeitgeschichte in Zeitungen und Zeitschriften.

Buchpublikationen: „Sommertage in Estland - Aufzeichnungen einer Reise", Stock und Stein Verlag Schwerin 2002, „Wer die Beatles nicht kennt", Roman, Langen-Müller, München 2004 (Piper 2005), „Tiefenkontrolle", Roman, Weiland Bücher & Medien, Lübeck 2006/2008, „Anu - eine Liebe in Estland", Roman, Universitas, Wien und München 2012, estnische Ausgabe 2013, Sinisukk Tallinn, „Die Reise nach Jerusalem - Ein Israeltagebuch", EDITION digital, 2016, „Wer glaubt schon an den Weihnachtsmann", Weihnachtserzählungen, EDITION digital, 2017, „Und über uns der weite Himmel", Roman, Lehmanns Media Berlin, 2019, estnische Ausgabe 2018, Sinisukk Tallinn, „Nathalie oder das gestohlene Lied", Erzählungen, Lehmanns Media Berlin, 2021

Preisträger Krimiwettbewerbe der Buchkette Weiland 2005 und 2007, Szenepreisträger der Stadt Schwerin für das beste Buch 2007, 2019 Preisträger des Literaturwettbewerbs „Die Freiheit ist ja da. Literaturwettbewerb zum 30. Jahrestag des Mauerfalls" des LiteraturRat Mecklenburg-Vorpommern und der Risse – Zeitschrift für Literatur in Mecklenburg und Vorpommern.

Drehbuch für den Kurzfilm „Fröhliche Weihnachten" 2008, Regie Till Endemann, EA Sommer 2009, Erstausstrahlung November 2010 im MDR

Wer glaubt schon an den Weihnachtsmann?

ISBN 978-3-95655-848-1 (Buch)
ISBN 978-3-95655-849-8 (E-Book)

Weihnachten – Fest der Familie, strahlende Kinderaugen unter dem Weihnachtsbaum, Besinnlichkeit, für viele Menschen aber auch Symbol für Konsumterror, Völlerei und eine Zeit der Einsamkeit. Lutz Dettmann macht die Vielfalt der zahlreichen, oft widersprüchlichen Seiten der Weihnachtsfeiertage für den Leser erfahrbar. Die abwechslungsreichen Kurzgeschichten führen den Leser vom Mecklenburg der Gegenwart, in der ein erbarmungsloser Dekorationskrieg zweier Nachbarfamilien ein überraschendes Finale hat, bis in die Schützengräben von Flandern, wo er hautnah dabei ist, wie in der Heiligen Nacht des Jahres 1914 aus Feinden Freunde werden. Lutz Dettmanns Geschichten regen zum Nachdenken an und sind – genau wie die Vorweihnachtszeit – manchmal skurril oder auch trivial. Eines haben sie alle gemein: Sie vermitteln diese besondere Weihnachtsstimmung.

Fast alle Weihnachtsgeschichten, über Jahre für die Familie geschrieben, finden in diesem Buch erstmals ihren Weg in die Öffentlichkeit.

Die dem Buch beiliegende DVD enthält den Kurzfilm „Fröhliche Weihnachten“ (Regie: Till Endemann, Drehbuch: Lutz Dettmann), der nach der in diesem Band enthaltenen Erzählung „Alle Jahre wieder“ gedreht und 2010 im MDR erstausgestrahlt wurde.

Reise nach Jerusalem

Ein Israel-Tagebuch

ISBN 978-3-95655-699-9 (Buch)
ISBN 978-3-95655-697-5 (E-Book)

August 2015: Eine deutsche Familie steigt, zusammen mit ihrer in Deutschland lebenden israelischen Schwiegertochter, im verregneten Berlin in den Flieger nach Israel, um während eines zweiwöchigen Aufenthaltes ihre Familie und ihr Heimatland näher kennenzulernen. Eine intensive Urlaubsreise beginnt, während derer der Autor und seine Familie als Gäste im Zuhause der neuen, „erweiterten" Verwandtschaft hautnah die Gastfreundschaft und den Lebensalltag in diesem irgendwie bekannten und doch so fremden Land erfahren. Der Autor lässt den Leser durch sein Tagebuch an dieser herausfordernden Reise teilhaben und nimmt ihn mit auf einen Ausflug, der ihn von der sengenden Hitze der Negev-Wüste im Süden über die zeitlose Altstadt Jerusalems bis hin zur libanesischen Grenze im Norden und dem See Genezareth durch die Jahrtausende führt, um dann doch stets wieder in der harten und widersprüchlichen Gegenwart des „Heiligen Landes" anzukommen. „Reisen bildet", heißt es oft. Doch damit einher geht auch das manchmal schmerzliche Enttarnen falscher Annahmen, Glaubenssätze und Halbwissen, welche der Reisende immer im Gepäck mit sich führt. Bei dem Versuch, die politische Realität dieses auf mehrfache Weise zerrissenen Landes zu verstehen, bröckelt das aus Medien und DDR-Unterricht geprägte Israelbild des Autors allmählich und gibt den Blick frei auf die verschiedenen, vielfältigen Zwischentöne, die den hochkomplexen multikulturellen Schmelztiegel Israel ausmachen. Entstanden ist dabei ein unterhaltsames und lehrreiches Tagebuch mit vielen Fotos für Leser, die sich nicht mit der allgemeinen Schilderung der Situation in Israel zufriedengeben wollen.